Claudia Nichterl

POWER
Energie für den ganzen Tag!
Frühstück

avBUCH

Inhalt

Vorwort

„Frühstücken wie ein Kaiser“ lautet eine alte Volksweisheit. Genau dazu möchte Sie dieses Kochbuch mit einfachen, schnellen Rezepten für ein schmackhaftes und energiereiches Frühstück ermutigen. Gerade in unserer hektischen Zeit nehmen wir uns meist keine Zeit für ein Frühstück am Morgen. Der schnelle Kaffee im Stehen, ein Croissant auf dem Weg zur Arbeit, und andere ungünstige Gewohnheiten sind vorherrschend – und auch das Vorbild für die Essgewohnheiten unserer Kinder.

Als Ernährungsberaterin bin ich fast täglich damit konfrontiert, dass für viele Menschen der Morgen eine problematische Tageszeit ist. Ungern verlässt man das warme Bett, um sich in den hektischen Alltag zu begeben. Was läge also näher, als den „grausamen“ Start in den Tag mit einem wunderbaren Frühstück zu verschönern?

Nehmen Sie sich Zeit für ein entspanntes Frühstück! Das Frühstück ist die Mahlzeit des Tages, die wirklich Sie selber „in der Hand“ haben. Gerade wenn Sie einen stressigen Job haben, den ganzen Tag unterwegs sind, außer Haus arbeiten – und wenig Zeit haben. Die 10 oder 20 Minuten am Morgen sind eine Zeit, in der Sie für sich das zubereiten können, was Ihnen gut tut, was Ihnen schmeckt und wo Sie wissen, welche Zutaten Sie dabei verwenden. Im Laufe des Tages müssen Sie sowieso meist damit vorlieb nehmen, was Ihnen in Restaurants, Kantinen und unterwegs geboten wird.

In der Beratung stelle ich immer wieder fest, dass die meisten Menschen mit einer Veränderung ihrer Frühstücksgewohnheiten sehr viel gewinnen. Mit einigen Basiszutaten in der Küche für ein gutes Frühstück leisten Sie täglich einen wertvollen Beitrag für Ihre Gesundheit und fördern Ihre Leistungsfähigkeit.

Dieses Buch liefert Ihnen Frühstücksideen abseits von Buttersemmel mit Honig oder Marmelade- und Käsebrot.

Wie einfach und schnell ein gesundes Frühstück zubereitet ist und welche Vorteile das für Sie und Ihre Kinder hat, zeigen Ihnen zahlreiche Rezeptideen und Hintergrundinformationen. Der Rezeptteil ist verschiedenen Themen gewidmet, wie zum Beispiel dem Frühstück für Kinder oder das Frühstück als ausgiebiger Brunch mit Freunden. Im Warenkundeteil finden Sie abschließend interessante Informationen zu Kaffee, Tee und Süßmitteln wie Zucker und Honig.

Ich möchte Sie ermuntern, etwas Neues auszuprobieren und wünsche Ihnen schon jetzt viel Freude beim Lesen und Nachkochen.

Guten Appetit!

Claudia Nichterl

Das Frühstück – der gesunde Start in den Tag

Warum sollen wir frühstücken? Die wissenschaftliche Erklärung ist, dass wir stundenlang geschlafen und uns keine Energie zugeführt haben. Der Körper ist in der Nacht mit der Aufrechterhaltung der Körperfunktionen beschäftigt: Herz, Lunge und andere wichtige Organe arbeiten ohne Pause und unsere Körpertemperatur wurde konstant gehalten. Diese Nachtarbeit verbraucht körpereigene Energie.

Die Kohlehydratspeicher sind leer und die natürliche Reaktion am Morgen ist ein Hungergefühl, welches durch ein nahrhaftes Frühstück befriedigt werden sollte. Ein Frühstück gibt Ihnen das Rüstzeug für die Bewältigung der Herausforderungen des Tages.

Speziell für Schulkinder ist es wichtig, zur Aufrechterhaltung der Konzentration mit einem Frühstück genügend Nährstoffe zur Verfügung zu stellen. Ernährungsexperten empfehlen, dass mit der Morgenmahlzeit 25 bis 30 % der Tagesenergiemenge zugeführt werden sollen.

Studien zeigen einen direkten Zusammenhang zwischen der Leistungsfähigkeit während des Tages und einem hochwertigen Frühstück. Eine groß angelegte Studie der Universität von Chicago brachte folgendes Ergebnis: Wer nicht frühstückt, macht mehr Fehler, ist leichter reizbar und schneller müde.

Die Traditionelle Chinesische Medizin (TCM) erklärt den Wert des Frühstücks mit der „Organuhr", d.h. jedes Körperorgan funktioniert bzw. erfüllt seine Aufgaben am Besten zu einer bestimmten Tageszeit. Diese Funktionstüchtigkeit wird durch den Fluss des Qi (= Energie) ausgedrückt, der zwischen 5 Uhr morgens und 11 Uhr vormittags in den Verdauungsorganen am stärksten ist. Ein Beweis für diese Funktion ist z.B. der morgendliche Stuhlgang.

Daher kann das Essen in dieser Zeit am schnellsten und umfassendsten ausgewertet werden. Essen ist für den Körper in dieser Zeit am wenigsten belastend und wirkt der Ansammlung von Schlacken und sonstigen Ablagerungen entgegen. Nahrung wird am Vormittag rasch und effizient in Energie umgewandelt.

Zu frühstücken ist daher ökonomisch, sowohl in finanzieller (man braucht nicht so viel um den Körper satt zu machen), als auch in körperlicher Hinsicht (es macht nicht so schnell dick).

Zusammenfassend kann gesagt werden, dass durch ein Frühstück individuelle Leistung, Konzentration und Aufnahmefähigkeit verbessert werden. Frühstücken bringt Wohlbefinden und erhöht die Stimmung!

Leider nimmt in unseren Breiten die Zahl der Frühstücksmuffel zu. Zu wenig Zeit ist meist der Grund für das Überspringen der Morgenmahlzeit und vielen fehlt einfach die Muße, sich ein köstliches Frühstück zuzubereiten.

Was passiert, wenn ich nicht frühstücke?

Eine Zeit lang oft nichts, aber es summiert sich. Nicht frühstücken kann nach einigen Jahren zu plötzlicher Gewichtszunahme bei gleich bleibendem Lebens- und Ernährungsstil führen. Die Erklärung der Traditionellen Chinesischen Medizin ist, dass der Stoffwechsel nicht mehr optimal arbeitet. Weitere Befindlichkeitsstörungen, wie z.B. Konzentrationsmangel, chronische Müdigkeit, extreme Süßgelüste machen sich bemerkbar.

Sicher ist: Ein gesundes Frühstück muss weder langweilig schmecken, noch braucht es für dessen Zubereitung besonders viel Zeit am Morgen. Die besten Energielieferanten sind Kohlehydrate, die reichlich in Getreideprodukten enthalten sind. Besonders in der Ernährungslehre nach der Traditionellen Chinesischen Medizin (Fünf-Elemente-Küche) finden sich viele Zutaten und Rezepte, die für's Frühstück gut geeignet sind.

Ein „warmes" bzw. gekochtes Frühstück nach der „Fünf-Elemente-Küche" bietet folgende Vorteile:

- Es ist gut bekömmlich, leicht verdaulich, gibt Energie und fördert die Konzentration
- Es sorgt für ein angenehm wohliges Gefühl im Bauch – besonders im kalten Winter
- Es sättigt und verhindert süße Gelüste am Nachmittag
- Es gibt eine große Auswahlmöglichkeit an Frühstücksvariationen – süßes Frühstück oder pikantes Frühstück, je nach Lust und Laune
- Es kann gut vorbereitet werden (Getreide bereits am Abend vorkochen, fertiges Kompott, etc.)
- Es ist sehr preiswert, besonders im Vergleich zu Brot, Gebäck, Aufstrich, Wurst, Käse etc.
- Es ist besonders für Berufstätige zu empfehlen, die tagsüber kaum Zeit haben, vernünftig zu essen. So wird zumindest einmal am Tag eine ausgewogene Mahlzeit mit allen wichtigen Nährstoffen aufgenommen.

Achten Sie bei Ihren Frühstücksgewohnheiten immer auf Ihr eigenes Gespür: Ein wohlig-warmes Gefühl im Bauch ist immer ein gutes und sicheres Zeichen dafür, dass das Frühstück oder Nahrungsmittel für Sie „richtig" ist. Blähungen, Aufstoßen und Völlegefühl hingegen zeigen, dass Ihnen das Nahrungsmittel nicht gut tut. Übernehmen Sie selbst Verantwortung für sich und Ihren Körper.

Typgerechtes Frühstück

Jeder Mensch ist anders! Das gilt ganz besonders für das Frühstück. Was dem Einen gut bekommt, muss für den Anderen nicht unbedingt auch das Richtige sein. Es gibt viele unterschiedliche Ernährungsempfehlungen für das Frühstück. Die Einen empfehlen nur rohes Obst, andere raten, es überhaupt auszulassen, wieder andere empfehlen „vollwertig" mit Brot, möglichst mit ganzen Körnern und Auflage nach Gusto. Als Orientierung gilt, dass jede Mahlzeit ausreichend sättigen soll, d.h. dass 3 bis 4 Stunden lang kein Hungergefühl auftritt. Wenn kurz nach dem Frühstück oder nach 1 bis 2 Stunden schon wieder starker Hunger auftritt, war das Frühstück nicht optimal gewählt.

Grundsätzlich können zwei Typen unterschieden werden:

Der **„Kohlehydrat-Typ"** wird gut satt durch ein kohlehydratreiches Frühstück, z.B. Müsli oder Brot, oder – den Regeln der Fünf-Elemente-Ernährung (Ernährungslehre der Traditionellen Chinesischen Medizin) entsprechend – mit einem Getreide(-brei) und Obst oder Gemüse.

Der **„Eiweiß-Typ"** braucht bereits morgens etwas „Deftigeres", Gehaltvolleres. Viele merken den Unterschied, wenn am Wochenende einmal ein Brunch mit Schinken, weichem Ei, Omelett o.Ä. verzehrt wird. Erst dann entsteht ein Sättigungsgefühl und lässt nicht gleich wieder zum Kühlschrank wandern.

Zur Orientierung sind die Rezepte in diesem Buch mit Symbolen gekennzeichnet:

Diese Frühstücksrezepte enthalten vorwiegend **Kohlehydrate.**

Diese Rezepte enthalten neben Kohlehydraten auch einen Anteil an Zutaten mit einem **höheren Eiweißgehalt** und sorgen beim Eiweiß-Typ für eine länger anhaltende Sättigung. Rezepte ohne Fleisch sind natürlich auch besonders für Vegetarier geeignet, da diese immer auf eine ausreichende Eiweiß-Zufuhr achten sollten.

Kohlehydrate

Kohlehydrate sind die wichtigsten Energielieferanten für unseren Körper. Sie stehen in Form von Glucose (Traubenzucker) schnell zur Verfügung. In der Fachliteratur werden Kohlehydrate auch als „Muskelbenzin" bezeichnet. Aus diesem Grund sollten Kohlehydrate den Grossteil unserer Nahrungsenergie ausmachen. Allgemein liegen die Empfehlungen für die Tageszufuhr bei 50 bis 60 % der gesamten Energieaufnahme, d.h. mehr als die Hälfte der täglichen Nahrungsenergie sollte durch Kohlehydrate gedeckt werden, idealerweise zum größten Teil aus komplexen Kohlehydraten.

Generell werden drei Gruppen von Kohlehydraten unterschieden:

1. **Kohlehydrate, die der Körper schnell aufnehmen kann:**
   aus Mehl, Zucker, Kartoffeln, Mais und anderen stärkehaltigen Nahrungsmitteln, ebenso aus Obstsäften.
2. **Kohlehydrate, welche der Körper langsam aufnehmen kann:**
   Vollkornprodukte, Vollmehl, Obst und Gemüse.
3. **Kohlehydrate, welche vom menschlichen Körper nicht oder nur schwer abgebaut werden können: die Ballaststoffe.**
   Die gesunderhaltende Funktion der Ballaststoffe beruht darauf, dass sie im Magen-Darm-Trakt stark aufquellen. Das Sättigungsgefühl wird dadurch erhöht und eine Vielzahl chemischer Gifte wird im Darm absorbiert. Ballaststoffe verzögern außerdem den Verdauungsprozess – es wird gründlicher verdaut und eine länger andauernde Sättigung erzielt. Außerdem regen Ballaststoffe die Darmfunktion an und beugen daher einer Verstopfung vor.

Eiweiß (Protein)

Das Wort Protein stammt ursprünglich aus der griechischen Sprache (griech. „protos" = „der Erste" oder „das Wichtigste"). In der Tat ist Protein oder Eiweiß der wichtigste Baustein aller lebenden Zellen, denn ohne Eiweiß gibt es kein Leben. Im Gegensatz zu Kohlehydraten und Fett kann Eiweiß im Körper nicht gespeichert werden. Wir sind daher auf die regelmäßige Zufuhr angewiesen. Mit der Nahrung aufgenommene Proteine werden im Magen-Darm-Trakt verdaut und in die einzelnen Bausteine – die Aminosäuren – zerlegt, welche dann zum Aufbau körpereigener Proteine verwendet werden. Menschen sind in der Lage, die Mehrzahl dieser Aminosäuren selbst aufzubauen, aber für acht Aminosäuren fehlt uns diese Fähigkeit. Diese acht heißen deshalb essenzielle Aminosäuren, und sie müssen mit der Nahrung zugeführt werden.

Im Zusammenhang mit der Wichtigkeit von Eiweiß in der täglichen Nahrung ist der Begriff der biologischen Wertigkeit interessant, welcher hier kurz erklärt und anhand von Beispielen dargestellt wird:

Die biologische Wertigkeit (BW) *von Nahrungseiweiß gibt an, wieviel Gramm Körpereiweiß durch 100 g des betreffenden Nahrungseiweißes aufgebaut werden können.*

Als Bezugsgröße für die biologische Wertigkeit (BW = 100) dient das Vollei-Protein. Jedoch ergibt eine Mischung aus 36 % Ei-Protein und 64 % Kartoffel-Protein die bisher höchste biologische Wertigkeit (BW = 137). Der Grund dafür ist, dass sich die Eiweißstoffe von verschiedenen Nahrungsmitteln in ihrem Aminosäurespektrum gegenseitig ergänzen und aufwerten können. Somit wird insgesamt eine viel höhere biologische Wertigkeit erzielt. Je höher die biologische Wertigkeit eines Eiweißstoffes ist, desto geringere Mengen braucht der menschliche Körper.

Grundsätzlich ist tierisches Eiweiß für den Menschen biologisch hochwertiger als pflanzliches Eiweiß. Dennoch sollte man darauf achten, den Großteil seiner Eiweißzufuhr aus pflanzlichen Nahrungsquellen zu beziehen, da eine hohe Aufnahme tierischen Proteins immer auch eine große Menge meist unerwünschter Begleitstoffe enthält, z.B. Purine, Cholesterin und Fett.

Biologische Wertigkeit (BW) verschiedener Proteine

TIERISCHES EIWEISS	BW	PFLANZLICHES EIWEISS	BW
Vollei	**100**	Kartoffel	**95**
Fisch	**94**	Soja	**84**
Rindfleisch	**87**	Roggen, Reis	**83**
Milch	**86**	Hirse, Mais	**74**
		Bohnen	**73**
		Hafer, Gerste	**65**
		Weizen	**59**

Nicht frühstücken als „Diät“

Viele Menschen sind der Meinung, sie könnten ihr Gewicht besser halten und auch leichter abnehmen, wenn sie das Frühstück ausfallen lassen. Es fällt auch leicht, weil man ohnehin im Stress ist und von anderen Dingen abgelenkt wird. Ein Stehkaffee ist für viele ausreichend und man hat das gute Gefühl, den Tag bereits mit wenig oder gar keinem Essen begonnen zu haben. Das Unterbewusstsein suggeriert: Das ist gut für die Figur!

Leider ist das ein ganz grober Denkfehler. Das Frühstück ist vielmehr dazu da, das Gewicht zu kontrollieren und insbesondere den süßen Gelüsten am Nachmittag vorzubeugen. Der Grund dafür ist einleuchtend, und durch viele Studien weltweit bewiesen: Nüchterne Menschen entwickeln rasch Heißhunger und greifen dann völlig unkontrolliert zu Snacks und Zwischenmahlzeiten (z.B. Schokoriegel, Sandwiches, Croissants), die der Figur überhaupt nicht förderlich sind. Der Körper lässt sich nicht überlisten und holt sich im Laufe des Tages das zurück, was er zum Frühstück nicht bekommen hat. Die Lust auf Süßes ist leichter zu kontrollieren, wenn Sie Ihre Körperzellen am Morgen mit einem für Sie passenden Frühstück richtig „füttern“. Probieren Sie es aus und wählen Sie auf den nächsten Seiten ein Frühstück aus, welches Ihnen gut schmeckt. Beobachten Sie Ihre Hungergefühle im Laufe des Tages. Sie werden sehen, dass Sie satt und zufrieden durch den Tag gehen, ohne Übergewicht aufzubauen.

Frühstück zum Trinken – die Alternative?

Menschen in TV-Werbespots machen es vor: Ein hektischer Morgen, alle sind spät dran, niemand hat Zeit, sich an den Frühstückstisch zu setzen, und die Lösung ist schnell parat. Kühlschranktür auf und ein Trinkfrühstück oder ein Frühstückssaft aus dem Kühlschrank wird ins Glas geleert, ausgetrunken und fertig. Die Werbung verspricht, dass diese Produkte uns mit allem versorgen, was wir für den Tag brauchen. Doch Vorsicht, diese Trinkfrühstücke sind zwar meist ausgewogen zusammengesetzt, doch trinken Sie bitte nie etwas direkt aus dem Kühlschrank. Für den Körper ist das sehr belastend und es muss sehr viel Energie aufgewendet werden, um solch ein kaltes Trinkprodukt auf Körperwärme zu bringen. Diese Energie geht für den Verdauungsvorgang verloren, entzieht dem Körper Wärme und Kraft, die Sie aber dringend brauchen könnten. Ein kaltes Trinkfrühstück ist also keineswegs ein Power-Frühstück.

Laktose-Intoleranz – die Milchzuckerunverträglichkeit

Milchprodukte sind in unseren Breiten besonders für das Frühstück sehr beliebt. Sie enthalten wertvolle Inhaltsstoffe, führen aber bei Menschen vermehrt zu Unverträglichkeiten. Milchzuckerunverträglichkeit ist weltweit die häufigste Nahrungsmittelunverträglichkeit und etwa 5 bis 20 % der Mitteleuropäer sind davon betroffen. Kann der Milchzucker im Dünndarm nicht gespalten werden, gelangt er unverarbeitet in den Dickdarm, wo er von Bakterien zersetzt wird. Dieser Vorgang führt zu Blähungen, Durchfall und Darmkrämpfen. Dieses Buch enthält eine Reihe von Rezepten, die ohne Milchprodukte auskommen bzw. die Wahl offen lassen, ob Milch oder Wasser als Zutat verwendet werden. Alternativ zu Kuhmilch kann auch Reis- oder Sojamilch verwendet werden. Für eine ausreichende Kalziumversorgung empfiehlt es sich, regelmäßig Getreide zu verwenden, die viel Kalzium enthalten (z.B. Quinoa und Amaranth).

Tipps zur Vorratshaltung

Ein schnelles Frühstück ist rasch „gezaubert". Vorraussetzung dafür ist, dass Sie immer einige Basis-Zutaten in Ihrer Küche haben.

Hier einige Vorschläge für Ihre Vorratshaltung:

Getreide:	Hirse(-flocken), Reis(-flocken), Haferflocken, Polenta, Grieß (Weizen, Dinkel, Kamut), Süßreis
Hülsenfrüchte:	Linsen (rote, grüne, braune), Bohnen (rote, schwarze, weiße), Kichererbsen, Sojabohnen
Obst der Saison:	Äpfel, Birnen, Marillen, Pfirsiche, Weintrauben, Beeren u.v.m.
Gemüse der Saison:	Karotten, Kartoffeln, Fenchel, Zucchini, Pilze, Spinat, (Frühlings-)Zwiebeln, Radieschen, Stangensellerie
Kräuter und Sprossen:	Petersilie, Dille, Zitronenmelisse, Minze, Koriander, Basilikum, Kresse
Gewürze:	Meersalz, Pfeffer, Paprikapulver, Kardamom, Zimt, Nelken, Bockshornkleesamen, Lorbeer, Thymian, Majoran, Rosmarin, Vanille u.v.m.
Sonstiges:	Eier, Trockenfrüchte (Marillen, Dörrzwetschken, Feigen, Datteln), hochwertige Öle (Olivenöl, Leinöl, Weizenkeimöl, Walnussöl u.a.), Nüsse und Samen

1 **Reisflocken**

2 **Hirseflocken**

3 **Dinkelflocken**

4 **Haferflocken**

5 **Maisgrieß (Polenta)**

6 **Basmatireis**

7 **Rundkornreis**

Power-Frühstück mit Getreide

Getreide stellt seit Jahrtausenden die wichtigste Nahrungsgrundlage des Menschen dar. Wichtige Getreidesorten sind Weizen, Roggen, Gerste, Hafer, Reis, Mais und Hirse. Die Pseudogetreide Amaranth, Buchweizen und Quinoa galten früher als Arme-Leute-Essen. Sie sind jedoch sehr schmackhaft und enthalten jede Menge wertvoller Inhaltsstoffe.

Die Bedeutung der Getreideerzeugnisse für die Volksernährung ist einerseits ernährungswirtschaftlich zu begründen, da Getreide zu den preiswertesten und in Mangelzeiten relativ gut verfügbaren Grundnahrungsmitteln zählt. Andererseits sind Getreideerzeugnisse auf Grund ihrer vielseitigen Zusammensetzung ernährungsphysiologisch sehr wertvoll.

Ballaststoffe *Keineswegs unnützer Ballast sind Fasern und Gerüstsubstanzen, die vorwiegend in Getreide, Gemüse, Obst und Nüssen vorkommen. Diese Stoffe werden vom menschlichen Verdauungssystem nicht abgebaut. Dem Ballaststoffgehalt in der Nahrung wird eine zunehmende Bedeutung in der Prävention ernährungsabhängiger Krankheiten beigemessen. In verschiedenen wissenschaftlichen Arbeiten wurde darauf hingewiesen, dass bei einem hohen Ballaststoffgehalt der Nahrung arteriosklerotische Gefäßerkrankungen seltener auftreten. Ballaststoffe wirken vorbeugend bei Diabetes, Herzerkrankungen, Bluthochdruck und senken den Cholesterinspiegel. Deshalb ist der Verzehr von Getreideprodukten besonders zu empfehlen. Der Ballaststoffgehalt von Getreide wird in erster Linie durch den Ausmahlungsgrad bestimmt: Helle, ausgemahlene Mehle haben in der Regel einen geringeren Gehalt als dunklere Mehle oder Schrote.*

Bei den einzelnen Getreidearten liegt der Ballaststoffanteil zwischen 5 und 10 %. Kleie hat den höchsten Gehalt an Ballaststoffen. Die Ballaststoffe sind hauptsächlich in den Randpartien des Getreidekorns enthalten. Deshalb sind Mahlzeiten mit dem ganzen Getreidekorn wertvoller. Es empfiehlt sich aber, darauf zu achten, dass die Produkte aus biologischem Anbau stammen, da die Randschichten des Getreides Spritzmittel und Schadstoffe enthalten können.

Die verschiedenen Getreidearten besitzen in ihrer chemischen Zusammensetzung große Ähnlichkeit. Zu etwa 80% bestehen Getreide aus Kohlehydraten. Der Proteingehalt (Eiweißgehalt) der einzelnen Getreidearten schwankt ziemlich stark. Weizen hat einen höheren Proteingehalt als Roggen, jedoch ist das Roggenprotein biologisch hochwertiger (es enthält 20 bis 30 % mehr an Lysin, einer essenziellen Aminosäure – siehe auch Seite 16). Getreide haben generell wenig Fett, nur der Fettgehalt von Mais und Hafer liegt bei 5 % und darüber. Am fettreichsten ist der Keimling von Mais. Er enthält bis zu 30 % Fett und wird zur Ölgewinnung (Maiskeimöl) herangezogen. Hafer und Gerste zeigen im gesamten Mineralstoffgehalt die höchsten Werte, weshalb sich Haferflocken als besonders wertvolles Getreidefrühstücksprodukt anbieten.

Die Resorption der Vitamine und Mineralsstoffe aus Getreide ist durch den Phytingehalt und die Menge an Ballaststoffen beeinflusst. Einweichen von Müslimischungen über Nacht bzw. das Kochen von Getreide erhöht die Verdaulichkeit und ermöglicht eine bessere Resorption der vorhandenen Nährstoffe.

Frühstücks-Cerealien

Betrachtet man das Frühstücksverhalten der europäischen Bevölkerung, so zeigt sich, dass der Tag meist mit Milchkaffee, Brot oder Gebäck, mit Butter, Marmelade und Honig, oder auch mit Käse und Wurst beginnt. In vielen Haushalten wird dieses typische Frühstück inzwischen durch Frühstücks-Cerealien ergänzt. Wichtige Informationen zu den einzelnen Frühstücks-Cerealien und ihren Herstellungsverfahren finden Sie auf den folgenden Seiten.

Die Bezeichnung „Cerealien“ geht auf Ceres, die altrömische Göttin des Ackerbaus zurück. Zu Beginn des 20. Jahrhunderts wurde daraus der englische Begriff „cereals“ oder auf deutsch „Cerealien“. Mit diesem Begriff werden eine Reihe von Getreideprodukten bezeichnet. Das erste kommerzielle Cerealienprodukt waren Cornflakes, die 1906 erstmals vom Amerikaner William Kellog hergestellt wurden. Inzwischen haben die aus seinen Grundideen weiterentwickelten Produkte einen festen Marktanteil in fast allen westlichen Ländern. Unter dem Begriff Cerealien werden allgemein tischfertige Getreideprodukte verstanden, die ohne weitere Zubereitung aus der Packung heraus, unter Zugabe von Flüssigkeit wie Milch und Obstsäften oder Jogurt konsumiert werden.

Müsli

Die Bezeichnung „Müsli“ hat sich für Mischungen aus Getreide eingebürgert. Im Vergleich zu den übrigen Cerealien bedarf es bei der Müslierzeugung nur eines geringen Einsatzes an Technologie. Industriell erzeugtes Müsli besteht vorwiegend aus drei Grundsubstanzen:

- Getreideprodukten in Form von geschrotetem oder geflocktem Getreide, eventuell mit einer knusprigen Komponente
- Obst in Form von Trockenfrüchten
- Ölhältigen Bestandteilen wie Nüsse und Samen

Müsli wird entweder ohne Zuckerzusatz angeboten, oder es wird auf Basis von Saccharose gesüßt (Anteile von 10 bis 40 %). Die zuckerfreien Varianten sind zu bevorzugen. Zusammenfassend kann gesagt werden, dass ein Fertigmüsli guter Qualität kein vollwertiger Ersatz für ein selbst hergestelltes Müsli mit frisch geschrotetem Getreide darstellt. Es ist jedoch bezogen auf das übliche Frühstück mit Kaffee und Semmeln mit Butter und Marmelade oder Wurst jedenfalls überlegen. Konsumenten sollten sich beim Kauf von Fertigmüslis über den Packungsinhalt informieren und sich darüber im Klaren sein, dass z.B. ein Knuspermüsli, das vorwiegend Kohlehydrate aus Cornflakes oder Reiscrispies enthält, kein vollwertiges Nahrungsmittel mehr darstellt, sondern eher dem Geschmack des modernen Konsumenten angepasst ist.

Getreideflocken

Für das Flockieren können sämtliche Getreidearten verwendet werden. Da Frühstücks-Cerealien häufig roh verzehrt werden, muss das Getreide besonders gründlich gereinigt werden. So durchlaufen die Getreide bis zu 16 Reinigungsvorgänge. Viele Getreide werden zusätzlich gedämpft. Das Dämpfen hat die Aufgabe, das Getreidekorn verformbar zu machen und eine Veränderung der Korninhaltstoffe – vor allem der Stärke – zu ermöglichen. Durch Wärme und Feuchtigkeit wird der Kern plastisch, d.h. er erhält die zum Auswalzen der Flocken nötige Elastizität. Dieser Prozess muss dem Flockieren vorangehen, damit eine entsprechende Flockenbildung erreicht werden kann. Gleichzeitig wird dabei das Ablösen der Spelzen vom Kern erleichtert. Die Temperatur beim Dämpfen variiert je nach Getreideart zwischen 60 (20 Minuten) und 100 bis 115 °C (5 Minuten). Zum Flockieren selbst, d.h. zum Quetschen der gedämpften Getreidekörner werden Walzwerke eingesetzt, in denen die Walzen mit unterschiedlichem Druck aneinandergepresst werden können. Die dabei gewonnenen, warmen und feuchten Flocken werden einem schonenden Trocknungsprozess unterworfen und gekühlt, wodurch die Flockendichte noch weiter zunimmt.

Bei der Erzeugung von Haferflocken wird nach dem Dämpfen noch ein trockenes Erhitzen, der so genannte Darrprozess vorgenommen. Dadurch werden die für Verderbnis und Fettspaltung verantwortlichen Enzyme inaktiviert, und die Haferprodukte dadurch über längere Zeit haltbar.

Cornflakes

Bei der Herstellung von Cornflakes werden als Ausgangsprodukt vorgekochte „Maisgrits" verwendet. Maisgrits bestehen aus dem glasigen Endosperm (Nährgewebe, das den Keimling umgibt) des Maiskorns.

Dazu wird die Schale mittels Wasserdampf sorgfältig vom Maiskern entfernt, das Korn aufgebrochen und der darin eingebettete junge Keim ebenfalls entfernt. Diese verkleinerten Maiskörner nennt man „Grits".

In einem nächsten Schritt werden diese Grits etwa 2 bis 2 1/2 Stunden gekocht, wobei eine Geschmackstoff-Lösung (Malzsirup und Salz) beigegeben wird.

Anschließend folgt ein Trocknungsvorgang. Die Herstellung ist insgesamt sehr zeit- und energieaufwändig.

„Gepuffte" Getreide

Gepufftes Getreide (Popps) zeichnet sich durch ein stark erhöhtes Volumen gegenüber dem Rohgetreide aus. Dazu werden hauptsächlich zwei Herstellungsverfahren verwendet.

Das Getreide wird entweder nach dem Reinigen und Schälen bei normalem Druck mit einem plötzlichen Hitzestoß behandelt, sodass das Wasser sehr schnell verdampft und das Volumen des Korns infolge der dadurch bedingten Expansion erhöht wird.

Gebräuchlicher ist die Anwendung von Überdruck beim Erhitzen des Getreides und anschließendem Entspannen, wobei durch eine plötzliche Druckentlastung und die weitere Verarbeitung des Produkts in einem Vakuumbehälter der Auspuffungsvorgang (= Expansionsprozess) einsetzt.

Durch den anschließenden Röstprozess gewinnt das Getreide seine knusprige Beschaffenheit und seinen nussartigen Geschmack. Häufig werden solche gepuffte Getreide mit einem Überzug aus verflüssigtem Kristallzucker, Honig oder anderen Zutaten überzogen.

Extrudieren von Getreide

Hier wird das angefeuchtete Rohmaterial (Getreidekörner, Schrot, Kleie, Ölsaaten) unter Zugabe verschiedener Geschmackszutaten in einem Reaktionszylinder kurzzeitig hohen Druck-, Temperatur- und Scherwirkungen ausgesetzt. Unter diesen Bedingungen kommt es zu einer Denaturierung der Stärke und Veränderungen im physikalischen Zustand des Rohmaterials. Die plastisch gewordene Masse erhält beim Austritt durch speziell geformte Extruderdüsen die gewünschte Größe und Gestalt. Crispies werden zum Beispiel mittels dieser Technik hergestellt.

Getreide richtig zubereiten

Getreide, welches als ganzes Korn verwendet wird (Reis, Hirse, Quinoa, Dinkel u.a.), sollte vor der Verwendung in einem Sieb mit warmem Wasser gut durchgewaschen werden – bis das Wasser klar ist.

Alle Getreidesorten können grundsätzlich im Verhältnis zwei Teile Wasser und ein Teil Getreide zubereitet werden. Erhitzen Sie die notwendige Menge Wasser und rühren Sie das Getreide hinein. Sobald das Wasser wieder aufkocht, reduzieren Sie die Hitze und lassen das Getreide zugedeckt sieden, bis das Wasser vollständig aufgenommen ist. Als Grundregel gilt: Das Getreide ist durch, sobald es weich ist. Achten Sie auch auf Ihre persönlichen Vorlieben. Manche mögen Getreidezubereitungen eher „trocken“, andere eher breiig oder flüssig. Je nach Geschmack können Sie die Flüssigkeitszugabe anpassen und variieren.

Getreideflocken sind eine Alternative, wenn es besonders schnell gehen soll. Bereits vorgedämpfte Flocken (z.B. Reisflocken, Hirseflocken) oder Zubereitungen wie Tsampa (geröstete Gerste – gemahlen), Cous Cous oder Bulgur brauchen nur mit kochendem Wasser übergossen werden. Verrühren, kurz quellen lassen und fertig ist der Getreidebrei.

Einige Angaben für die **ungefähre Kochzeit** finden Sie in nachstehender Tabelle:

GETREIDEART	KOCHZEIT
Reis geschält (Basmati, Rundkorn u.Ä.)	20–25 Minuten
Buchweizen	20 Minuten
Hirse	20 Minuten
Haferflocken (roh)	20–25 Minuten
Haferflocken (vorgedämpft)	10 Minuten
Getreidekörner (Weizen, Roggen, Dinkel)	60–90 Minuten
Gerste	30–40 Minuten
Reisflocken	1–4 Minuten quellen lassen
Hirseflocken	1–4 Minuten quellen lassen
Tsampa (geröstete Gerste)	1–4 Minuten quellen lassen
Cous Cous, Bulgur	3–5 Minuten quellen lassen
Vollkornreis	12 Stunden in warmem Wasser einweichen, abspülen und mit frischem Wasser (knapp bedeckt) zum Kochen bringen. 1 Minute kochen und dann 30 Minuten auf niedrigster Flamme ziehen lassen; ggf. übrig bleibendes Wasser abgießen.

Auf den folgenden Seiten finden Sie interessante Informationen zu ausgewählten Getreidesorten mit Rezepten zum Ausprobieren.

Dinkel (Triticum spelta)

Der Dinkel ist das Urgetreide, das bereits 2500 v. Chr. in Europa heimisch war und den Hauptteil des Getreideanbaus ausmachte. Er wurde aber wegen des geringen Ertrages und dem leichten Knicken der langen Stängel durch den heute angebauten Weizen (Triticum vulgare) verdrängt. Außerdem reagiert Dinkel auf Kunstdünger negativ und liefert keine Ertragssteigerung. Das machte ihn für die moderne Landwirtschaft ungeeignet und so musste er dem Fortschritt weichen. Der Trend zu biologischer Landwirtschaft brachte Dinkel jedoch zurück in unsere Küchen.
Hildegard von Bingen, Klostervorsteherin und Heilkundige des 12. Jahrhunderts, hielt Dinkel für das gesündeste Getreide: *„Der Dinkel ist das beste Getreide und er ist warm und fett und kräftig und er ist milder als andere Getreidearten und er bereitet dem, der ihn isst rechtes Fleisch und rechtes Blut und macht frohen Sinn und Freude im Gemüt des Menschen.“*
Im Geschmack ist Dinkel leicht nussig. Hinsichtlich des Gehalts an essenziellen Aminosäuren übertrifft Dinkel die meisten Weizenarten.
Weiters enthält Dinkel die Vitamine B1 und B2, Kalium, Kalzium, Magnesium sowie die Spurenelemente Zink, Eisen und Kupfer. Ungewöhnlich ist der hohe Gehalt an Kieselsäure.

Kieselsäure *ist in kristalliner Form, als Quarz oder Kiesel, und in Form von Silikaten, Bestandteil der Erdkruste. Im menschlichen Körper spielt sie als Teil des Bindegewebes eine wichtige Rolle. Kieselsäure wirkt fördernd und stärkend auf das Bindegewebe, ebenso auf Haut, Haare und Nägel. Elastizität ist ihre Haupteigenschaft, selbst im Bereich der Nerven und Gehirnfunktion. Eine ausreichende Versorgung mit Kieselsäure ist in den ersten Lebensjahren von zentraler Bedeutung. Sie lässt sich leicht durch den Verzehr von Getreideprodukten, allen voran Dinkel und Hirse, sicherstellen.*

Grünkern ist halbreif geerntetes Dinkelkorn, das über Holzfeuer gedarrt wurde. Sein Geschmack ist intensiv. Grünkern hat sicherlich zur Renaissance des Dinkels mit beigetragen.

Dinkelgrieß-Brei mit Himbeeren

2 PORTIONEN

ZUTATEN: 1/4 Liter Flüssigkeit (Wasser, Milch oder Wasser-Milch-Gemisch 50:50), 5 EL Dinkelgrieß (fein), 2 TL Butter, 100 g Himbeeren, 1–2 TL Honig oder Vollrohrzucker, 1–2 EL geriebene Nüsse oder Mandeln

ZUBEREITUNG: Dinkelgrieß in kaltes Wasser einrühren und bei mittlerer Hitze langsam aufkochen. Nach dem Aufkochen umrühren, vom Herd nehmen und einige Minuten quellen lassen. Je nach gewünschter Konsistenz ist eventuell noch etwas Wasser zuzufügen.

Butter und geriebene Nüsse in den Grießbrei einrühren und mit den Himbeeren bestreut servieren. Mit Honig oder Vollrohrzucker nach Belieben süßen.

Power-Müsli mit Dinkelflocken

2 PORTIONEN

ZUTATEN: 6 EL Dinkelflocken, 1 Apfel, 1 Hand voll Weintrauben oder anderes Obst der Saison, 1 EL Sonnenblumenkerne, 1 TL Sesam geschrotet, 2 EL Honig, 1 TL Zimt, 1 Prise Bourbon-Vanille (oder Mark einer 1/2 Vanilleschote), 150 ml Jogurt

ZUBEREITUNG:

Am Vorabend die Dinkelflocken in einer Schüssel knapp mit Wasser bedeckt einweichen.

Am Morgen Apfel und Weintrauben waschen. Den Apfel ungeschält raspeln, die Weintrauben halbieren und beides mit den eingeweichten Flocken vermischen.

Sonnenblumenkerne, Sesam, Honig, Zimt, Vanille und Jogurt unterrühren.

tipp: WENN SIE AM VORABEND KEINE FLOCKEN EINGEWEICHT HABEN, KOCHEN SIE DIE FLOCKEN MIT WASSER FÜR EINIGE MINUTEN AUF – DADURCH WIRD DAS MÜSLI BEKÖMMLICHER. ROHE GETREIDEFLOCKEN FÜHREN HÄUFIG ZU VERDAUUNGSBESCHWERDEN; EINWEICHEN UND/ODER AUFKOCHEN SCHAFFT ABHILFE: DIE FLOCKEN SIND DANN GUT VERTRÄGLICH UND FÜHREN ZU EINEM ANGENEHMEN GEFÜHL „IM BAUCH“.

Grieß-Suppe mit Karotten

ZUTATEN: 1 Tasse Dinkelgrieß, 1 EL Butter, 1 Prise Muskat gemahlen, Meersalz, 1/2 Bund Petersilie, 2 Wacholderbeeren, 1 Lorbeerblatt, 500 ml heißes Wasser oder Gemüsebrühe, 2 Karotten

2 PORTIONEN

ZUBEREITUNG:
In einem Topf die Butter schmelzen, den Grieß anrösten und mit Wasser oder Gemüsebrühe aufgießen. Die Karotten waschen, in dünne Scheiben schneiden und in die Suppe geben. Mit Meersalz, Muskat, Wacholderbeeren und Lorbeerblatt abschmecken. Die Suppe bei mittlerer Hitze 10 bis 15 Minuten dünsten. Frisch gehackte Petersilie einrühren und sofort servieren.

Hafer

Hafer zählt zu den gesündesten Getreidearten. Er kam wahrscheinlich verborgen in Gerste und Urweizen nach Europa und wurde weitgehend als Unkraut betrachtet. In den wärmeren Regionen der Erde missachtet, fand er in Nordeuropa und den Britischen Inseln, wo es an Sonne und Wärme mangelt, großen Anklang, weil er als Nahrung Kraft und Gesundheit spendete. Brei, Grütze oder Porridge stärkten Germanen und Wikinger, Schotten und Iren. Erst durch die Kartoffel verlor Hafer an Bedeutung und dient seither vorrangig als Tierfutter.
Hafer ist Kraftnahrung und in vielerlei Hinsicht ein Superlativ unter den Getreidesorten. Er hat mit Abstand den höchsten Fettanteil, nämlich 7 %. Davon sind 80 % mehrfach ungesättigte Fettsäuren, vor allem Linolsäure. Er hat einen hohen Eiweißgehalt, viel Vitamin B1, Eisen, Kalzium und sechs essenzielle

Aminosäuren. Seine Stärke ist besonders leicht verdaulich. Die im Hafer enthaltenen quellfähigen Ballaststoffe binden unerwünschte Giftstoffe und Bakterien und entfernen sie so aus dem Darm.

Mehrfach ungesättigte Fettsäuren *sind essenziell, d.h. der Körper braucht sie, um zu funktionieren, kann sie aber nicht selbst bilden. Die wichtigsten Vertreter sind Linol- und Linolensäure. Diese haben vielfältige Wirkungen als Bestandteil der Zellstruktur und des Nervengewebes.*
Sie sind Ausgangsbasis für lebenswichtige Gewebshormone und beeinflussen den Stoffwechsel. Außerdem wirken sie senkend auf einen erhöhten Fett- und Cholesteringehalt im Blut.
Essenzielle Fettsäuren sind vorwiegend in pflanzlichen Speiseölen und Fisch enthalten.

Angelehnt an das Sprichwort „Dich sticht wohl der Hafer" sind Haferflocken dafür bekannt, dass sie den Antrieb erhöhen und gute Laune machen. Besonders im Herbst und Winter sind die folgenden Frühstücksvarianten sehr zu empfehlen.

Porridge – das Original

Als Porridge (Haferbrei) wird das schottische Nationalfrühstück bezeichnet, welches original aus Hafermehl oder -grütze zubereitet wird. Dieser klassische, englische Start in den Morgen ist besonders bei Kindern beliebt.

ZUTATEN: 6 EL Hafermehl oder -grütze, 1/2 l Wasser, Milch oder Milch-Wasser-Gemisch (50:50), 2 EL Honig oder Vollrohrzucker

2 PORTIONEN

ZUBEREITUNG: In einem Topf Wasser bzw. Milch-Wasser-Gemisch mit dem Hafermehl verrühren und auf kleiner Flamme 30 bis 45 Minuten dick einkochen. Regelmäßig umrühren! Bei Bedarf weitere Flüssigkeit zugeben. In einem tiefen Teller servieren, mit Honig oder Vollrohrzucker süßen und nach Belieben noch mit warmer oder kalter Milch verdünnen.

tipp: DAZU PASST GUT APFELMUS, EIN GROB GERIEBENER APFEL ODER OBSTKOMPOTT DER SAISON. EIN TUPFEN SCHLAGOBERS MACHT ES NOCH FEINER!

„Habermus“ – Porridge nach Schweizer Art

2 PORTIONEN

ZUTATEN: 6 EL Hafergrütze oder Haferflocken, 1/2 l Wasser, Milch oder Milch-Wasser-Gemisch (50:50), 20 g Butter, 1 Prise Salz

ZUBEREITUNG: Topf erhitzen und darin die Hafergrütze oder Haferflocken anrösten. Mit Wasser bzw. Milch-Wasser-Gemisch aufgießen, Butter und Salz zugeben und 10 Minuten weich kochen. Danach noch 5 bis 10 Minuten quellen lassen und auf einem Teller anrichten. Nach Belieben mit warmer oder kalter Milch verdünnen.

tipp: BEI DER NORDEUROPÄISCHEN PORRIDGE-VARIANTE WIRD DAS PORRIDGE OHNE BUTTER GEKOCHT. DAS FERTIGE PORRIDGE WIRD AUF EINEM TELLER ANGERICHTET, DIE BUTTER KOMMT IN DIE MITTE UND BILDET DORT EINEN „BUTTERSEE“. ZUM SCHLUSS WIRD ES MIT ZUCKER UND ZIMT BESTREUT. EIN OBSTMUS, KOMPOTT ODER KLEIN GESCHNITTENES FRISCHES OBST SIND BEI BEIDEN VARIANTEN EINE GUTE ERGÄNZUNG.

Porridge mit Kompott aus Trockenfrüchten

2 PORTIONEN

ZUTATEN: 1 Hand voll gemischte Trockenfrüchte (Feigen, Datteln, Marillen, Rosinen), 1 TL Zimt, 3 Gewürznelken, 6 EL Haferflocken, 1/2 l Wasser, Milch oder Milch-Wasser-Gemisch (50:50), 2 EL Sesam

ZUBEREITUNG:

Trockenfrüchte mit Wasser bedeckt über Nacht einweichen.

Am nächsten Morgen die eingeweichten Früchte mit Zimt und Nelken zu einem Kompott einkochen.

In der Zwischenzeit in einem anderen Topf den Sesam kurz anrösten, die Haferflocken dazu geben und mit Wasser oder Milch-Wasser-Gemisch aufgießen. Die Flüssigkeitsmenge nach Belieben anpassen – je nachdem wie breiig das Porridge sein soll. Die Haferflocken 5 bis 10 Minuten weich kochen. Porridge in einer Schüssel mit dem Kompott anrichten.

Haferflocken-Crunchy

2 PORTIONEN

ZUTATEN: 1 EL Sesam, 1 EL Sonnenblumenkerne, 6 EL Haferflocken, 2 EL Butter, 2 EL Honig, 1 Tasse Wasser, 3 Äpfel, Saft einer Zitrone, 1 EL Rosinen, 1 TL Zimt, 1 Prise Bourbon-Vanille (oder Mark einer 1/2 Vanilleschote)

ZUBEREITUNG:

In einer heißen Pfanne Sesam und Sonnenblumenkerne anrösten, Haferflocken zugeben und unter ständigem Rühren leicht rösten. Butter und Honig zugeben, verrühren und auf kleiner Flamme warm halten.
In der Zwischenzeit die Äpfel waschen, schälen, halbieren, Kerngehäuse entfernen und in Spalten schneiden. Wasser erhitzen, Apfelspalten und Rosinen zugeben und einige Minuten weich dünsten. Mit Zitronensaft, Zimt und Vanille abschmecken.
Das Kompott in zwei Schüsseln anrichten und die gerösteten Haferflocken darüber verteilen.

Apfel-Karotten-Müsli

2 PORTIONEN

ZUTATEN: 6 EL Haferflocken, 2 EL Mandeln, 500 ml Jogurt, 1 Apfel, 2 mittelgroße Karotten, 2 EL Honig, Saft einer Zitrone

ZUBEREITUNG:

Am Vorabend die Haferflocken mit Jogurt verrühren und im Kühlschrank über Nacht quellen lassen.
Am Morgen die Mandeln grob hacken und mit dem Honig und Zitronensaft zum vorbereiteten Müsli geben.
Apfel und Karotten waschen. Den ungeschälten Apfel und die Karotten fein raspeln und mit dem Müsli vermengen.

In den Wintermonaten empfiehlt sich folgende „wärmere" Variante:
Haferflocken mit ca. 1/2 l Wasser aufkochen und 10 bis 15 Minuten auf mittlerer Flamme zu einem Porridge verkochen. Mit Mandeln, Honig und etwas Zimt abschmecken. Apfel und Karotten waschen, raspeln und kurz mit dem Porridge erwärmen.

Haferflocken mit Birnen und Preiselbeeren

ZUTATEN: 6 EL Haferflocken, 1/2 l Wasser, Milch oder Milch-Wasser-Gemisch (50:50), 1 Prise Salz, 2 TL Birnendicksaft, 2 Birnen, 2 EL getrocknete Preiselbeeren, Saft einer Zitrone

2 PORTIONEN

ZUBEREITUNG:

Wasser oder Milch in einem Topf mit den Haferflocken verrühren und aufkochen. Birnendicksaft, getrocknete Preiselbeeren und Salz dazu geben und 10 bis 15 Minuten zu einem Brei verkochen.

Birnen waschen, vierteln, Kerngehäuse entfernen und in dünne Spalten schneiden. Die Birnen mit Zitronensaft beträufeln.

Haferflockenbrei in zwei Schüsseln anrichten und die Birnenspalten darüber verteilen.

Mais

Mais ist ein schneller und guter Energiespender. Neben dem ganzen Maiskolben ist besonders der Maisgrieß (Polenta) eine wichtige Zutat in der Küche. Mais enthält keinen Getreidekleber und ist besonders reich an Eisen, Phosphor, Vitamin B1, B2, B6 und E, Kalzium, Kalium und Selen. Als einzige Getreideart enthält Mais größere Mengen Beta-Karotin.
Der Eiweißgehalt im Mais ist gering, weshalb er mit anderen pflanzlichen oder tierischen Eiweißträgern kombiniert werden sollte.

Kleber und Gluten *Die Backfähigkeit eines Getreides hängt von der Qualität und Menge des enthaltenen Glutens (Kleber-Eiweiß) ab. Dinkel, Gerste, Hafer, Roggen und Weizen enthalten Gluten.*
In Hirse, Mais, Reis, Amaranth, Quinoa und Buchweizen ist kein Gluten enthalten. Menschen mit einer Glutenunverträglichkeit (die im Säuglings- oder Kleinkindalter Zöliakie, im Erwachsenenalter Sprue genannt wird) sollten daher die letztgenannten Getreidesorten bevorzugen.

Polenta mit Apfelkompott

2 PORTIONEN

ZUTATEN: 1/4 Liter Wasser, 5 EL Polenta, 1 Prise Salz, 2 Äpfel, 3 EL Wasser, 1 EL Rosinen, 1 TL Zimt, 2 TL Honig, 1 EL gehackte Walnüsse

ZUBEREITUNG: Das Wasser erhitzen, die Polenta einrühren und mit einer Prise Salz würzen. Den Brei einmal aufkochen lassen und dann auf kleiner Flamme 3 bis 5 Minuten ziehen lassen. Bei Bedarf noch etwas Wasser zugeben. Im Anschluss daran weitere 5 bis 10 Minuten quellen lassen.
In der Zwischenzeit Äpfel waschen, schälen, halbieren, Kerngehäuse entfernen und in Spalten schneiden. Wasser mit den Rosinen erhitzen, Apfelspalten zugeben und 3 bis 5 Minuten weich dünsten. Mit Zimt und Honig abschmecken. Polentabrei in zwei Schüsseln geben, Apfelkompott darauf verteilen und mit Nüssen bestreut servieren.

tipp: STATT DER ZUGABE VON ZUCKER ODER HONIG KÖNNEN SIE OBST AUCH IN ETWAS BIRNEN- ODER APFELSAFT DÜNSTEN. SO WIRD DIE NATÜRLICHE FRUCHTSÜSSE AUSGENÜTZT UND SIE BRAUCHEN KEINE WEITEREN SÜSSMITTEL ZUGEBEN.

Polenta „de luxe"

ZUTATEN: 1/4 Liter Wasser, 5 EL Polenta, 1 Prise Salz, 2 Pfirsiche, 3 EL Wasser, 1 Soja-Vanillepudding

2 PORTIONEN

ZUBEREITUNG:

Das Wasser erhitzen, die Polenta einrühren und mit einer Prise Salz würzen. Den Brei einmal aufkochen lassen und dann auf kleiner Flamme 3 bis 5 Minuten ziehen lassen.

Bei Bedarf noch etwas Wasser zugeben. Im Anschluss daran weitere 5 bis 10 Minuten quellen lassen.

3 EL Wasser in einem Topf erhitzen, Pfirsiche halbieren, entkernen und in Spalten schneiden. Pfirsichspalten im Wasser 3 bis 5 Minuten weich dünsten.

Polenta mit dem Vanillepudding verrühren und mit den Pfirsichspalten in einer Schüssel anrichten.

tipp: IM SUPERMARKT GIBT ES INZWISCHEN SCHNELLKOCH-POLENTA, DIE INNERHALB VON 2 MINUTEN FERTIG IST UND DESHALB FÜR EIN RASCHES FRÜHSTÜCK GUT GEEIGNET IST.

Polenta mit Marillenkompott

ZUTATEN: 1 Tasse Polenta, 2 Tassen Wasser, 1 TL frisch geriebener Ingwer, 1 Prise Salz, 4 Marillen, 1/2 Tasse Apfelsaft, 2 TL Honig, 2 TL Leinöl, 1 Zweig Minze

2 PORTIONEN

ZUBEREITUNG: Das Wasser erhitzen, die Polenta einrühren und mit einer Prise Salz und Ingwer würzen. Den Brei einmal aufkochen lassen und dann auf kleiner Flamme 3 bis 5 Minuten ziehen lassen. Bei Bedarf noch etwas Wasser zugeben. Im Anschluss daran weitere 5 bis 10 Minuten quellen lassen. Apfelsaft in einem Topf erhitzen, Marillen halbieren, entkernen und in Spalten schneiden. Marillenspalten im Wasser 3 bis 5 Minuten weich dünsten.
Polenta in einer Schüssel anrichten und mit Marillenspalten und ein paar Minzblättern servieren. Jede Portion mit je 1 TL Honig und Leinöl beträufeln.

tipp: ZUM VERFEINERN VON POLENTA EIGNEN SICH GEWÜRZE WIE VANILLE, KARDAMOM, VANILLE, ZIMT ODER NELKENPULVER. DURCH DIE BEIGABE VON FRISCH GERIEBENER INGWERWURZEL WIRD DER BREI BESONDERS SCHMACKHAFT UND SCHMECKT ERFRISCHEND.

Polenta-Mohn-Roulade mit Himbeermus

4–6 PORTIONEN

ZUTATEN: 1/4 l Milch, 1/4 l Wasser, 1 Prise Bourbon-Vanille (oder Mark einer 1/2 Vanilleschote), 1 TL Zimt, 10 EL Polenta, 1 Prise Salz, Saft von einer Zitrone

Mohnfülle: 100 ml Schlagobers, 150 g geriebener Mohn, 4 EL Semmelbrösel, 4 EL Vollrohrzucker, 1 EL Rum, 50 g Schokolade

Himbeermus: 500 g Himbeeren, 2 EL Vollrohrzucker, 1 TL Mais- oder Kartoffelstärke, 3 EL Wasser

ZUBEREITUNG:

Milch und Wasser mit Polenta, Vanille, Zimt, Salz und Zitronensaft verrühren und zum Kochen bringen. Auf kleiner Flamme 3 bis 5 Minuten einkochen, dann vom Herd nehmen und 10 bis 15 Minuten quellen lassen.

In der Zwischenzeit die Mohnfülle zubereiten. Dazu Schlagobers mit Mohn, Vollrohrzucker und Rum aufkochen. Bei Bedarf weiteres Schlagobers oder Wasser zugeben, es soll ein fester Brei werden. Brösel einrühren und auf Zimmertemperatur abkühlen lassen.

Den Polentabrei dünn auf ein Backpapier aufstreichen, mit der Mohnfülle bestreichen, zur Roulade einrollen und über Nacht im Kühlschrank kaltstellen.

Himbeeren in einem Topf bei mittlerer Hitze zu einem Mus einkochen. Mais- oder Kartoffelstärke in 3 EL kaltem Wasser anrühren und zu den Himbeeren geben. Das Mus kurz aufkochen und dann vom Herd nehmen. Mit Vollrohrzucker abschmecken.

Pro Portion 2 Scheiben von der Roulade abschneiden und mit etwas Himbeermus servieren.

Die Roulade kann gut im Kühlschrank für 1 bis 2 Tage aufbewahrt werden.

Reis

Reis ist heute das Grundnahrungsmittel für die Hälfte der Weltbevölkerung. Seit Jahrtausenden wird er in Asien kultiviert und hat sich auf der ganzen Welt verbreitet.
„Paddy" ist unbehandelter Reis, der von einem harten Spelz umschlossen ist. Wird diese raue, ungenießbare Außenschale entfernt, erhält man braunen Vollkornreis mit dem Silberhäutchen (Aleuronschicht) und dem Keim. Dieser enthält zahlreiche Vitamine und acht essenzielle Aminosäuren.
Vollkornreis ist mit Gemüse vergleichbar und sollte am besten im Kühlschrank bei 5 °C gelagert werden. Kälte schützt Naturreis – und Getreide allgemein – vor Milben und anderen unerwünschten Schädlingen.
Bei der Weiterverarbeitung werden das Silberhäutchen und der Keim mittels Schälmaschine entfernt – es entsteht weißer, polierter Reis. Eine Zwischenstellung nimmt der so genannte „parboiled Reis" ein: Ungeschälter Reis wird unter Druck gedämpft, damit er nicht mehr klebt. Bei diesem Verfahren dringt ein Teil der Vitalstoffe in das Innere des Korns ein und wird dort auch nach dem anschließenden Schälen bewahrt.
Es gibt ca. 8000 Sorten Reis, bei uns ist er hauptsächlich als Langkorn-, Rundkorn- oder Mittelkornreis im Handel. Basmati-Reis oder Jasmin-Reis sind besondere, aromatisch duftende Reissorten aus den Bergregionen Indiens bzw. aus Thailand.
Eine Sonderform ist Wildreis, der aus botanischer Sicht kein Reis ist, sondern eine Wasserpflanze. Der aus Nordamerika stammende Wildreis wächst an kanadischen Seeufern und im Mississippi-Delta. Das Rispengras, ehemals Hauptnahrungsmittel der indianischen Ureinwohner, wird von Kanus aus geerntet. Mit langen Stangen werden die bis zu 1,80 Meter hohen Halme in das Kanu gezogen und die Körner aus den Ähren geschlagen. Wegen dieser aufwändigen Erntemethode gehört Wildreis zu den teuren Lebensmitteln.
Der Anteil an Eiweiß, Eisen, Magnesium und Zink ist aber höher als bei den anderen Reissorten.

Reis-Congée
– die Reissuppe aus China

Diese Reissuppe ist ideal, weil sie gut vorgekocht werden kann und im Kühlschrank 3 bis 4 Tage haltbar ist.

ZUBEREITUNG:

Vollkornreis mit kaltem Wasser im Verhältnis 1:10 (1 Tasse Reis mit 10 Tassen Wasser) in einem hohen Topf aufkochen. Dann auf die kleinste Stufe zurückdrehen, mit fest verschließbarem Deckel zudecken und 2 bis 3 Stunden lang weich kochen. Es entsteht ein dickflüssiger Reisbrei.

Das Reis-Congée schmeckt durch Zugabe von Gewürzen noch besser. So können z.B. einige Scheiben frischer Ingwer, 2 bis 3 Kardamomkapseln und eine Zimtstange mitgekocht werden.

Das fertige Reis-Congée können Sie portionsweise mit unterschiedlichen Zutaten verfeinern:

- Kompott oder Fruchtmus aus Äpfeln, Birnen, Marillen, Pfirsichen, Zwetschken, Weintrauben
- klein geschnittenes Obst oder frische Beeren
- gedünstetes Gemüse (Karotten, Fenchel, Kohlrabi, Chicoree, Spinat, Mangold, Zucchini, Spargel u.a.)
- Kräuter (Petersilie, Schnittlauch, Basilikum, Thymian, Rosmarin u.a.)
- Nüsse und Samen
- hochwertige Öle (Leinöl, Weizenkeimöl, Kürbiskernöl, Olivenöl) oder Butter

Reis-Congée mit Beeren

ZUBEREITUNG:

Für 2 Portionen etwa 2 Schöpflöffel vom gekochten Reis-Congée in eine Schüssel geben. Mit Sonnenblumenkernen oder Sesam, Honig und einer Prise Vanille verrühren. Frische Beeren darauf verteilen und mit frischer Minze bestreut servieren.

Reis-Congée mit Karotten und Kohlrabi

ZUBEREITUNG:

Klein geschnittene Karotten und Kohlrabi kurz dünsten, vorbereitetes Reis-Congée zugeben und kurz aufwärmen. Nach Belieben mit Kräutern, Gewürzen, Butter, Lein- oder Olivenöl verfeinern.

Reis mit Birnenkompott

2 PORTIONEN

ZUTATEN: 1 Tasse Reis (Basmati, Rundkorn oder Langkornreis), 2 Tassen Wasser, 1 Prise Salz, 1 TL geriebene Ingwerwurzel, 4 Birnen, 4 EL Apfelsaft, 1 Prise Bourbon-Vanille (oder Mark einer 1/2 Vanilleschote), Saft einer Zitrone, 2 Gewürznelken, 2 TL Leinöl, Honig nach Belieben

ZUBEREITUNG:

In einem Topf Wasser erhitzen, Reis mit einer Prise Salz zugeben. Zugedeckt aufkochen lassen und dann auf kleiner Flamme 15 Minuten weich kochen. Geriebenen Ingwer einrühren und weitere 5 Minuten ausquellen lassen.

Inzwischen den Apfelsaft in einem weiteren Topf erhitzen. Birnen vierteln, entkernen, schälen und in Scheiben schneiden.

Birnenscheiben mit Gewürznelken und Zitronensaft im Apfelsaft einige Minuten zu einem Kompott verkochen. Reis in 2 Frühstücksschalen verteilen, Birnenkompott und je 1 TL Leinöl darauf verteilen. Bei Bedarf mit etwas Honig süßen.

tipp: SIE KÖNNEN GLEICH EINE GRÖSSERE MENGE KOMPOTT ZUBEREITEN UND DIESES HEISS IN MARMELADEN-SCHRAUBGLÄSER FÜLLEN. NACH DEM ABKÜHLEN KÖNNEN SIE DIESE GLÄSER IN DEN KÜHLSCHRANK STELLEN. DIE HALTBARKEIT BETRÄGT JE NACH OBST UND BEIGABE VON SÜSSMITTEL EINE BIS MEHRERE WOCHEN. SO HABEN SIE IMMER SCHNELL EIN FERTIGES KOMPOTT FÜR IHR FRÜHSTÜCK ZUR VERFÜGUNG.

Sesam-Reis und Tomaten-Chutney

ZUTATEN: 1 Tasse Reis (Langkorn oder Basmati), 2 Tassen Wasser, 3 EL Sesam oder Gomasio, 3–4 Tomaten, 1/2 rote Zwiebel, 1/2 Bund Koriander oder Petersilie, 2 EL Weißwein-Essig, 2 EL Sesamöl, Meersalz, Pfeffer aus der Mühle

2 PORTIONEN

ZUBEREITUNG: Reis mit Wasser, Sesam und einer Prise Salz aufkochen und zugedeckt bei schwacher Hitze 15 Minuten weich kochen. In der Zwischenzeit die Zwiebel fein hacken, Tomaten waschen und in kleine Würfel schneiden. Koriander oder Petersilie waschen, trocken tupfen und fein hacken. Tomaten mit den Zwiebeln und dem Koriander bzw. Petersilie in eine Schüssel geben und mit einer Marinade aus Sesamöl, Essig, Salz und Pfeffer vermischen. Den fertigen Reis in eine Schüssel geben und mit dem Tomaten-Chutney servieren.

Ein gekochtes Ei, ein gebratenes Spiegelei oder 1 bis 2 EL Bohnenpüree ergänzen dieses Rezept für den Eiweiß-Typ.

1 Hirse

2 Gerste

3 Tsampa

4 Bulgur

5 Amaranth

6 Quinoa

7 Buchweizen

Hirse

Hirse ist ein Sammelbegriff für mehrere 100 verschiedene Arten von Rispengräsern. Sie gilt als die älteste kultivierte Getreideart und gehörte im Mittelalter zu den Grundnahrungsmitteln. Heute erlebt Hirse vor allem in der Naturküche eine Renaissance und wird vorwiegend biologisch angebaut. Hirse weist unter den Getreidesorten den höchsten Eisengehalt (9 mg pro 100 g Trockenware) auf. Durch ihren hohen Anteil an Mineralstoffen und Spurenelementen hat sie eine regenerierende Wirkung auf den ganzen Körper und die Psyche. Besonders zeichnet sich Hirse durch ihren hohen Gehalt an Kieselsäure und Fluor aus. Sie enthält etwa dreimal soviel Kieselsäure wie Vollweizen und hat teilweise viermal höhere Fluorwerte als andere Getreidesorten. Außerdem fördert Hirse die Harnausscheidung und entgiftet.

Geröstete Hirse mit Trockenfrüchten

2 PORTIONEN

ZUTATEN: 1 Hand voll Trockenfrüchte (z.B. Marillen, Dörrzwetschken u.a.), 1 Tasse Trauben- oder Apfelsaft, 1 Tasse Hirse, 2 Tassen heißes Wasser, 1/2 TL Zimt, 1 EL gehackte Walnüsse, 2 TL Leinöl, Saft von einer Zitrone

ZUBEREITUNG: Trockenfrüchte über Nacht in Trauben- oder Apfelsaft einweichen. In einer Pfanne Hirse unter ständigem Rühren anrösten, mit heißem Wasser aufgießen und zugedeckt auf kleiner Flamme 15 bis 20 Minuten weich dünsten. In der Zwischenzeit die Trockenfrüchte mit dem Saft, Zimt und Zitronensaft in einem kleinen Topf etwa 5 Minuten zu einem Kompott verkochen. Hirse in einer Schale anrichten, Kompott dazu geben, mit Walnüssen garnieren und mit Leinöl beträufeln.

Hirse mit Marillenkompott

ZUTATEN: 1 Tasse Hirse, 2 Tassen Wasser, 1 Prise Salz, 4 Marillen, 1 Tasse Apfelsaft, 2 TL geriebene Walnüsse, Saft einer Zitrone, Honig nach Belieben

2 PORTIONEN

ZUBEREITUNG:

In einem Topf Wasser erhitzen, Hirse mit einer Prise Salz zugeben.

Zugedeckt aufkochen lassen und dann auf kleiner Flamme 15 Minuten weich kochen.

Inzwischen den Apfelsaft in einem weiteren Topf erhitzen.

Marillen waschen, entkernen und in Scheiben schneiden.

Marillenstücke im Apfelsaft einige Minuten dünsten.

Hirse in 2 Frühstücksschalen verteilen, Marillen darüber geben und je 1 TL geriebene Walnüsse darauf verteilen.

Bei Bedarf mit etwas Honig süßen.

Hirse mit Shiitake-Pilzen und Avocado

2 PORTIONEN

ZUTATEN: 1 Tasse Hirse, 4 Shiitake-Pilze frisch oder getrocknet, 1 TL Butter, 1 weiche Avocado, 1 TL geriebener Ingwer, Pfeffer aus der Mühle, 2 Tassen Wasser, 1 Prise Meersalz, 1/2 Bund Petersilie, 1 Zitrone, 1 Prise Paprikapulver, 1 Hand voll Rucola

ZUBEREITUNG:

Hirse gut waschen und mit Wasser aufkochen. Getrocknete Shiitake-Pilze für 5 Minuten in heißem Wasser einweichen und dann in Streifen schneiden. Frische Pilze können ohne Einweichen gleich verwendet werden.
Pilze und geriebenen Ingwer zur Hirse geben und 15 bis 20 Minuten weich dünsten. Mit Pfeffer, Salz, Petersilie, Paprikapulver abschmecken und ein Stück Butter unterrühren. Pro Person eine 1/2 Avocado mit etwas gemahlenem Pfeffer und Zitronensaft beträufeln, mit klein geschnittenem Rucola auf einen Teller geben und mit Hirse anrichten.

Ein gekochtes Ei, ein gebratenes Spiegelei oder 1 bis 2 EL Bohnenpüree ergänzen dieses Rezept für den Eiweiß-Typ.

Gerste

Von allen Getreidesorten hat die Gerste als eines der ältesten Getreide die weiteste geografische Verbreitung erreicht. Je nach Kulturkreis haben sich verschiedene Schwerpunkte in der Verwendung der Gerste herausgebildet, wie z.B. Gerstenmalz für die Bier- und Whiskey-Erzeugung oder Malzkaffee aus intensiv geröstetem Gerstenmalz.

Doch heute wird Gerste meist zur Fütterung der Schweine verwendet und die Verwendung in der Ernährung von uns Menschen scheint vergessen worden zu sein. Als Speisegerste wird bei uns einzig die Rollgerste verwendet, die seit ca. 200 Jahren industriell hergestellt wird. Dabei wird die Gerste von den Spelzen befreit. Sie ist dadurch bekömmlicher und besser verdaulich.
In verschiedenen Kulturen haben sich Verfahren zur Aufbereitung von Gerste verbreitet. Durch die unterschiedliche Kombination von Wasser und Feuer wird die Bekömmlichkeit und Verdaulichkeit der Getreidestärke verbessert. Ein Beispiel dafür ist Tsampa, das traditionelle Getreidegericht Tibets.
Für die Herstellung von Tsampa werden sonnengereifte Gerstenkörner mit heißem Sand vermischt und über Feuer geröstet. Anschließend werden die Körner vom Sand gereinigt und gemahlen. Tsampa wird auf unterschiedliche Arten mit Milch, Tee oder Jogurt zubereitet, gesüßt oder gesalzen, konsistent oder als dünner Brei gereicht. Durch den Röstprozess entwickeln sich besondere Aromastoffe und die Stärke wird zum Teil abgebaut. Das ergibt eine leichte Süße, die vor allem von Kindern sehr geschätzt wird. Ältere Personen und Sportler schätzen Tsampa, weil es sehr bekömmlich und leicht verdaulich ist. Die Zubereitungsdauer von Speisen mit Tsampa ist sehr kurz, weil die Gerste durch das Rösten bereits „vorgekocht" ist. Tsampa kann also ohne weiteres ungekocht gegessen werden und eignet sich besonders als Zwischenverpflegung, zum Frühstück, oder als Reise- oder Wanderproviant. Tsampa ist in den meisten Naturkostläden und Reformhäusern erhältlich (Infos unter www.tsampa.ch).

Gerstenbrei mit Beeren

2 PORTIONEN

ZUTATEN: 1 Tasse Gerste, 2 TL Honig, 1 EL Sonnenblumenkerne, 2 Scheiben ungeschälten Ingwer, 3 Kardamomkapseln, 1 Prise Salz, 250 g frische Beeren nach Belieben (Heidelbeeren, Himbeeren, u.a.)

ZUBEREITUNG:

Vorbereitung: Eine Tasse Gerste mit 10 Tassen Wasser, Salz, Ingwer und Kardamomkapseln in einem großen Topf aufkochen. Topf mit einem Deckel fest verschließen und auf kleiner Flamme etwa 2 Stunden lang kochen.
Für 2 Portionen vom gekochten Gerstenbrei etwa 2 Schöpflöffel in eine Schüssel geben. Mit Sonnenblumenkernen und Honig verrühren. Frische Beeren in den Brei rühren und mit frischer Minze oder Melisse bestreut servieren.

tipp: DER VORGEKOCHTE GERSTENBREI (OHNE FRÜCHTE) KANN GUT IM KÜHLSCHRANK AUFBEWAHRT WERDEN UND SOWOHL FÜR SÜSSE ODER PIKANTE GERICHTE VERWENDET WERDEN, Z.B. MIT GEDÜNSTETEM GEMÜSE ODER MIT KOMPOTT AUS FRÜCHTEN DER SAISON.

Gersten-Gemüse-Suppe

4 PORTIONEN

ZUTATEN: 1 Tasse Gerste, einige getrocknete Steinpilze oder frische Champignons, 2 EL Sonnenblumenöl, 2 Karotten, 4 Stück Stangensellerie, 3–4 Blätter Chinakohl, 1 Zwiebel, 1 Lorbeerblatt, Pfeffer aus der Mühle, Salz, 4–5 Tassen Wasser, 1/2 Bund Petersilie

ZUBEREITUNG:

Gerste und Pilze über Nacht einweichen. Zwiebel fein hacken und in Sonnenblumenöl kurz andünsten. Lorbeerblatt dazu geben und mit Wasser aufgießen. Gerste und Pilze in der Suppe ca. 30 Minuten weich kochen.
Inzwischen Karotten und Stangensellerie waschen und in dünne Scheiben schneiden, Chinakohlblätter der Länge nach in feine Streifen schneiden. Zuerst Stangensellerie und Karotten in die Suppe geben und weitere 10 Minuten kochen. Zum Schluss den Chinakohl beigeben und mit Salz und Pfeffer abschmecken. Petersilie fein hacken und die Suppe damit verfeinern.

Tsampa mit Preiselbeeren

2 PORTIONEN

ZUTATEN: 1/4 Liter Wasser, 4–5 EL Tsampa, 100 g Preiselbeeren oder Cranberries, 100 g Topfen, 2 EL Honig oder Vollrohrzucker

ZUBEREITUNG: Wasser mit Tsampa verrühren und gemeinsam aufkochen. Nach dem Aufkochen die Masse vom Herd nehmen und 5 bis 6 Minuten stehen lassen. In der Zwischenzeit Preiselbeeren oder Cranberries waschen und nach Belieben mit einer Gabel etwas zerquetschen. Preiselbeeren, Topfen und Honig mit der gekochten Tsampamasse verrühren und in Schälchen servieren.

Tsampasuppe

2 PORTIONEN

ZUTATEN: 1/2 Liter Wasser, 5–7 EL Tsampa (je nach gewünschter Konsistenz), 200 g Gemüse der Saison (Lauch, Karotten, Frühlingszwiebeln, Kohlrabi, Karfiol, Broccoli etc.), 1 Gemüsebrühwürfel, Salz, Pfeffer aus der Mühle, 1/2 Bund Petersilie

ZUBEREITUNG: Tsampa in kaltes Wasser geben und mit dem Schneebesen verrühren, Gemüsebrühwürfel dazugeben und zum Kochen bringen. Inzwischen Gemüse waschen und in mundgerechte Stücke schneiden und zur Suppe geben. Die Suppe je nach Gemüse 5 bis 10 Minuten einkochen, bis das Gemüse weich ist. Petersilie fein hacken, Suppe mit Salz und Pfeffer abschmecken und mit frischer Petersilie bestreut servieren.

Tsampa-Jogurt-Kaltschale

2 PORTIONEN

ZUTATEN: 1/4 Liter Jogurt, 2 EL Vollrohrzucker, 4–6 EL Tsampa, Obst der Saison (z.B. klein geschnittene Äpfel, Beeren, Marillen, Pfirsiche etc.)

ZUBEREITUNG: Schichtweise in eine Schale oder in einen Becher etwas Jogurt, Vollrohrzucker, Tsampa und Obststückchen geben und schon ist ein rasches, erfrischendes Sommerfrühstück fertig.

Bulgur und Cous Cous

Überall im Vorderen Orient gehören Speisen auf der Basis von Weizengrieß zu den traditionellen Spezialitäten. Bulgur ist ein spezieller Weizen und für „gesundes Fast Food" besonders gut geeignet, weil er nahezu fertig gekauft werden kann. Er besteht aus gedämpftem, getrocknetem und anschließend zerkleinertem Weizen – ein Jahrtausende altes Verfahren aus dem Nahen und Mittleren Osten. Deshalb bekommt man Bulgur vor allem in türkischen oder griechischen Lebensmittelgeschäften. Bulgur wird mit etwas kochendem Wasser übergossen und ist bereits nach wenigen Minuten aufgequollen und fertig zum Verzehr. Er schmeckt sehr gut – ähnlich wie Reis, mit einer nussigen Note. Bulgur gibt es in verschiedenen Körnergrößen. Je kleiner sie sind, desto schneller quellen sie auf. Weil Bulgur noch die Keimlinge des Weizens enthält, ist er besonders reich an Ballaststoffen, Vitaminen und Eisen.
Eine verfeinerte Variante des Bulgur, die angeblich bis auf die alten Ägypter zurückgeht, ist in Nordafrika als Cous Cous bekannt. Traditionell wird in den Ländern des Maghreb Cous Cous von jeder Familie selbst hergestellt: In großen, flachen Schüsseln mit hohem Rand wird geschroteter und gemahle-

ner Weizen vermischt, mit Wasser besprenkelt und dann in kreisenden Bewegungen mit der Handfläche zu winzigen Kügelchen zerrieben. Diese werden auf Siebe geschüttet und so entstehen Körnchen von gleicher Größe, welche über kochendem Wasser gedämpft, auf Tüchern ausgebreitet und in der Sonne getrocknet werden. Für den modernen Haushalt gibt es aber Cous Cous und Bulgur bereits vorgegart im Handel. Bulgur ist dabei die etwas gröbere, aber vollwertigere Variante. Cous Cous zeichnet sich ebenfalls als rasch verwendbare Zutat aus. Für die Zubereitung reicht ein Übergießen mit kochendem Wasser. Kurz stehen lassen – und fertig. Biologischer Cous Cous oder Bulgur sollte allerdings einige Minuten mit Wasser aufgekocht werden, damit er schön weich wird.

Bulgur-Salat-Sandwich

Im Handumdrehen zubereitet und trotzdem in der Nährstoffbilanz ausgewogen!

2 PORTIONEN

ZUTATEN: 1 Tasse Bulgur, 2 Tassen Wasser, 1–2 Frühlingszwiebeln, 1–2 Tomaten, 1/2 Bund Petersilie, Saft von einer halben Zitrone, 1 EL Tomatenmark, Pfeffer aus der Mühle, 1 EL Olivenöl, Salz, 2–4 Blätter Eisbergsalat

ZUBEREITUNG: Den Bulgur in einem Topf oder einer Schüssel mit kochendem Wasser übergießen und zugedeckt einige Minuten quellen lassen. Inzwischen Petersilie, Tomaten und Frühlingszwiebeln klein schneiden und mit dem gequollenen Bulgur vermischen. Anschließend Tomatenmark, Zitronensaft und Olivenöl dazugeben. Mit Salz und Pfeffer abschmecken. Jeweils eine kleine Menge der Mischung auf ein Salatblatt geben und einrollen – fertig ist das gesunde Rohkost-Sandwich.

tipp: BESONDERS GUT ZUM MITNEHMEN GEEIGNET!

Cous Cous mit Cranberry Kompott

ZUTATEN: 1 Tasse Cous Cous, 2 Tassen Wasser, 250 g Cranberries, 3 EL Wasser, 2 EL Sonnenblumenkerne, 2 TL Honig, 2 TL Walnussöl

2 PORTIONEN

ZUBEREITUNG: Cous Cous in einer Schüssel mit kochendem Wasser übergießen und 5 Minuten ziehen lassen. Inzwischen Cranberries und Sonnenblumenkerne mit 3 EL Wasser einige Minuten weich dünsten und mit Honig abschmecken. Cous Cous auf zwei Schüsseln aufteilen und mit Cranberries darauf verteilen. Mit je 1 TL Walnussöl beträufeln.

Amaranth

Der Amaranth, das Wunderkorn der indianischen Hochkulturen Mittel- und Südamerikas, zählt zu den ältesten vom Menschen kultivierten Pflanzen. Er verleiht Widerstandskraft und erstaunliche Gesundheit. Zumindest den Azteken galt Amaranth als heilig. Sie formten aus seinem Mehl Opfergaben, die bei religiösen Zeremonien verzehrt wurden. Nicht nur diese Riten waren den Missionaren und Eroberern suspekt, sondern auch die offenbar fast magische Wirkung der winzigen Körner auf die Konstitution der Indianer. In der Folge wurde der Anbau und Verzehr von Amaranth verboten und mit dem Tode bestraft. Für Jahrhunderte war Amaranth vergessen. Nach Europa gelangte er wegen seiner roten Blütenstände als Zierpflanze. Die Länder Asiens schätzen Amaranth wegen seines leuchtend-roten Farbstoffs und als wohlschmeckende Blattpflanze, die wie Spinat zubereitet wird.
Seit den 80er Jahren gibt es intensive Forschungen über seine wertvollen Eigenschaften als Nahrungsmittel. Erstaunlich ist sein Eiweißgehalt von 75 Prozent, der damit alle anderen Getreide quantitativ und qualitativ übertrifft – und auch höher ist als bei Milch. Außerdem enthält Amaranth hochwertige Fette. Das im Samen enthaltene Öl besteht zu 70 % aus ungesättigten Fettsäuren wie Linolsäure und Omega-3-Fettsäuren.

Omega-3-Fettsäuren *sind vor allem in Fischen zu finden (z.B. Hering, Makrele und Lachs). Diesen Fettsäuren wird eine cholesterinsenkende Wirkung und ein hemmender Einfluss auf die Blutgerinnung nachgesagt. Das geringe Auftreten von koronaren Herzkrankheiten bei den Eskimos wird auf den hohen Fischkonsum zurückgeführt. Aus diesem Grund wird vor allem zur Vorbeugung von Herz- und Kreislauferkrankungen der regelmäßige Verzehr von Zutaten mit hohem Omega-3-Fettsäurengehalt empfohlen. Omega-3-Fettsäuren sind außerdem entzündungshemmend und wirken sich bei Rheumapatienten positiv aus.*

Zusätzlich ist der Magnesium- und Eisengehalt dreimal so hoch wie im Weizenkorn. 100 Gramm Amaranth decken somit den Tagesbedarf eines Erwachsenen an Magnesium. Auch der Kalziumanteil ist auffallend hoch.

Amaranth gibt es als ganzes Korn, Flocken, Müsli oder Mehl im Handel. Durch Rösten in einem heißen Topf ohne Fett entsteht „Amaranth-Popcorn“.

tipp: AM EINFACHSTEN „SCHUMMELN“ SIE AMARANTH ALS HOCHWERTIGE ZUTAT IN IHRE SPEISEN, INDEM SIE REIS DURCH ZUGABE VON AMARANTH AUFWERTEN. PRO TASSE REIS UND ETWAS MEHR ALS 2 TASSEN WASSER MISCHEN SIE EINFACH 1 EL AMARANTH DAZU.

Amaranth-Müsli mit Beeren

1 PORTION

ZUTATEN: 2 EL Amaranth-Müsli-Mischung, 125 ml Jogurt, 100 g gemischte Beeren, 1 TL Honig

ZUBEREITUNG:
Am Vorabend Müsli mit Jogurt verrühren und über Nacht im Kühlschrank quellen lassen. Morgens den Honig unterrühren und mit den Beeren garniert servieren.

Quinoa

Quinoa zählt wie der Amaranth zu den ältesten Kulturpflanzen der Menschen. Quinoa wird als „heiliges Korn der Inkas“ bezeichnet und dient der südamerikanischen Bevölkerung seit über 6000 Jahren als Nahrungsgrundlage. Mittlerweile wird Quinoa auch in Europa und den USA angebaut. Quinoa hat eine hochwertige Eiweißzusammensetzung und ist daher eine bessere Eiweißquelle als die bei uns üblichen Getreidesorten.

Die geringe Menge an Fett in den Samen besteht ausschließlich aus ungesättigten Fettsäuren, die Hälfte davon entfällt auf die lebenswichtige Linolsäure. Neben Kalzium, Magnesium, Eisen (doppelt so viel wie Weizen) und Zink enthält Quinoa auch besonders viele B-Vitamine. Auf Grund des Saponingehalts in der Samenschale schmeckt Quinoa etwas bitter und es empfiehlt sich, Quinoa vor der Verwendung in heißem Wasser gründlich zu reinigen. Bei Säuglingen und Kleinkindern sollte auf die Verwendung von Quinoa verzichtet werden, da selbst bei diesen geringe Mengen an Saponinen Durchfälle entstehen können.

Saftige Quinoa mit gedünstetem Chicoree

2 PORTIONEN

ZUTATEN: 1 Tasse Quinoa, 2 Tassen Wasser, 1 TL Vollrohrzucker, 2 EL Olivenöl, 1/8 Schlagobers, Pfeffer aus der Mühle, Meersalz, Saft einer Zitrone, 1/2 Bund Petersilie, 2 Chicoree

ZUBEREITUNG:

Wasser in einem Topf erhitzen, Quinoa zugeben, aufkochen und 15 Minuten auf kleiner Flamme ausquellen lassen. Chicoree waschen und der Länge nach halbieren. In einer Pfanne Olivenöl erhitzen und Chicoree-Hälften darin anbraten. Vollrohrzucker zugeben und mit Salz und Pfeffer abschmecken. Mit Zitronensaft ablöschen. Schlagobers in Quinoa einrühren, mit Salz und Pfeffer würzen und mit gehackter Petersilie vermischen. Quinoa auf einem Teller mit je 2 Chicoree-Hälften anrichten.

tipp: ALS VARIANTE KÖNNEN SIE 1 HAND VOLL KLEIN GESCHNITTENEN RUCOLA IN DIE QUINOA UNTERRÜHREN.

Quinoa mit Pfirsich

2 PORTIONEN

ZUTATEN: 1 Tasse Quinoa, 2 Tassen Wasser, 2 TL Honig oder Vollrohrzucker, 2 Pfirsiche, 2 TL hochwertiges, kalt gepresstes Öl (z.B. Leinöl), frische Minze oder Zitronenmelisse zum Garnieren

ZUBEREITUNG: Quinoa mit Wasser aufkochen und zugedeckt 15 bis 20 Minuten weich kochen. In der Zwischenzeit Pfirsiche waschen, halbieren, entkernen und in Scheiben schneiden. Quinoa mit Honig abschmecken und mit den Pfirsichscheiben vermengen. Auf zwei Schüsseln aufteilen, je mit 1 TL Öl beträufeln und mit Minze garniert servieren.

Buchweizen

Buchweizen ist zwar kein Getreide, sondern botanisch gesehen ein Knöterichgewächs, und damit ein enger Verwandter von Sauerampfer und Rhabarber. Er stammt ursprünglich aus Zentralasien und gelangte mit den Mongolen im 14. Jahrhundert nach Europa. Die genügsame Pflanze, auch Heidekorn genannt, gedeiht am besten auf Heide- oder Sandböden.

Buchweizen ist ungeröstet oder geröstet, als ganzes Korn, Schrot oder Mehl im Handel erhältlich und wie Getreide zu verarbeiten. Der Geschmack erinnert entfernt an Haselnüsse. Er enthält die in den meisten Getreiden kaum vorkommende essenzielle Aminosäure Lysin. Erwähnenswert ist außerdem der Gehalt an Eisen, Kalium und B-Vitaminen.

Buchweizen gilt als leicht verdaulich. Es empfiehlt sich, Buchweizen vor der Verwendung mit heißem Wasser zu waschen, da die Randschichten des Buchweizenkorns einen roten Farbstoff enthalten, der bei Empfindlichkeit Hautreizungen hervorrufen kann.

Amaranth, Buchweizen und Quinoa im Vergleich zu herkömmlichem Getreide

100 GRAMM LEBENSMITTEL	Kcal	Eiweiß (g)	Magnesium (mg)	Kalium (mg)	Eisen (mg)	Kalzium (mg)
Amaranth	370	15,8	308	484	9,0	214
Buchweizen	341	10,0	142	392	3,5	21
Quinoa	338	14,8	276	804	8,0	80
Weizen (Korn)	308	11,4	97	381	3,3	33
Roggen (Korn)	296	9,5	91	510	2,8	37
Mais (Korn)	331	9,2	91	294	1,5	8
Reis (Korn)	347	7,8	119	238	3,2	16

Quelle: GU Nährwerttabelle 2002/2003, Elmadfa I., et al.

Buchweizen mit Apfel

ZUTATEN: 1 Tasse Buchweizen, 2 Tassen Wasser, 2 Äpfel, Saft einer Zitrone, 100 ml Schlagobers, 2 TL Honig, 1 Prise Bourbon-Vanille oder Mark aus einer halben Vanilleschote, 1 EL Mandeln (grob gehackt)

2 PORTIONEN

ZUBEREITUNG:

Buchweizen heiß waschen und in einer Pfanne ohne Fett kurz anrösten.

Mit Wasser aufgießen und bei mittlerer Hitze etwa 15 Minuten weich kochen.

In der Zwischenzeit die Äpfel waschen und grob reiben, mit Zitronensaft beträufeln. Schlagobers mit Vanille aufschlagen.

Buchweizen mit Apfelraspeln und Mandeln verrühren und mit Honig abschmecken. In zwei Schüsseln aufteilen und jeweils mit etwas Schlagobers servieren.

tipp:

KLEINE MENGEN SCHLAGOBERS LASSEN SICH BESONDERS GUT MIT BATTERIEBETRIEBENEN MILCHSCHÄUMERN AUFSCHLAGEN. DIESE KLEINEN GERÄTE SIND SEHR PREISGÜNSTIG UND INZWISCHEN IN VIELEN HAUSHALTEN UND BÜROS ZU FINDEN. EINFACH EINE KLEINE MENGE SCHLAGOBERS IN EINE SCHÜSSEL GEBEN UND 1 BIS 2 MINUTEN MIT DEM MILCHSCHÄUMER AUFSCHLAGEN.

Power-Frühstück im Büro

Eine aktuelle Studie in Österreich brachte das Ergebnis, dass 31 % der Österreicher wochentags überhaupt nicht frühstücken. 15 % der befragten Personen frühstücken zumindest im Büro.[1]

Wenn auch Sie es am Morgen besonders eilig haben, dann ist für Sie ein Frühstück aus Getreideflocken besonders gut geeignet. Viele im Handel erhältliche Getreideflocken haben den Vorteil, dass sie vorgedämpft sind und meist nicht mehr als 1 bis 2 Minuten Kochzeit beanspruchen. Wenn es ganz besonders schnell gehen soll oder ein schmackhaftes Frühstück im Büro gewünscht ist, dann sind folgende Rezepte eine Alternative.

Das **Notfall-Paket für ein Büro-Frühstück** –
diese Utensilien sollten Sie an Ihrem Arbeitsplatz bereithalten:

- 1 Wasserkocher
- 1 Müslischüssel
- 1 Löffel
- vorgedämpfte Getreideflocken (Hirseflocken oder Reisflocken), Cous Cous oder Grieß
- Obstkompott oder Apfelmus aus dem Glas oder Früchte der Saison
- Nüsse und/oder Samen (Sesam, Sonnenblumenkerne, gehackte Walnüsse oder Mandeln)
- Leinöl, Mandelöl oder Walnussöl – nur wenn ein Kühlschrank vorhanden ist, da diese Öle geöffnet kühl gelagert werden müssen

[1] Basierend auf dem „Live" Consumer Monitor der Agentur Publicis, durchgeführt mit 1200 Menschen (14 bis 59 Jahre alt) in Österreich, Deutschland und der Schweiz. Quelle: Wirtschaftsblatt vom 16.11.2004

Flockenbrei mit Obst

ZUTATEN: 1/4 Liter Wasser, 5–7 EL Hirse- oder Reisflocken

1 PORTION

ZUBEREITUNG:

Flocken in eine Schüssel geben und mit kochendem Wasser verrühren.

Je nach gewünschter Konsistenz bei Bedarf noch Flüssigkeit nachgießen.

Die Mischung umrühren und 1 bis 2 Minuten quellen lassen.

Flockenbrei schmeckt besonders gut mit:

- Obst der Saison (z.B. Beeren, Zwetschken, Marillen, klein geschnittenen oder geriebenen Äpfel oder Birnen)
- kurz gedünstetem Obst bzw. Kompott (Apfelkompott, Birnenkompott, Marillenkompott, Pfirsichkompott)
- Apfelmus oder Zwetschkenröster

Noch besser schmeckt der Brei mit:

- Gewürzen wie z.B. Zimt, Vanille, Kardamom, frisch geriebenem Ingwer
- Kräutern wie z.B. frischer Pfefferminze, Zitronenmelisse

Falls die Süßkraft von Obst(-kompott) für Ihren Geschmack nicht ausreichend ist, können Sie nach Belieben mit Honig, Vollrohrzucker oder Ahornsirup nachsüßen.

tipp: UM DIE WERTIGKEIT VON FLOCKENBREI ZU ERHÖHEN, EMPFIEHLT ES SICH, EINEN TEELÖFFEL HOCHWERTIGES, KALT GEPRESSTES ÖL (LEINÖL, WALNUSSÖL, HASELNUSSÖL, WEIZENKEIMÖL, DISTELÖL ETC.) UNTERZURÜHREN. EBENSO ALS ERGÄNZUNG SIND FRISCH GERIEBENE NÜSSE (WALNÜSSE, HASELNÜSSE, MANDELN) ODER SAMEN (SESAM, SONNENBLUMENKERNE, PINIENKERNE) GEEIGNET.

Info: *Kalt gepresste Öle sind reich an mehrfach ungesättigten Fettsäuren und daher besonders hochwertig. Durch eine schonende Pressung, bei der höchstens Temperaturen von 60 °C erreicht werden, bleiben Vitamine und Aromastoffe optimal erhalten. Im Gegensatz zu raffinierten Ölen werden die kalt gepressten oder kalt geschlagenen Öle nicht chemisch behandelt. Ihr Aroma ist deshalb kräftiger und kommt vor allem bei kalter Zubereitung zur Geltung. Daher sind sie als Beigabe zum morgendlichen Getreidebrei bestens geeignet.*

Hirseflocken mit Marillen

1 PORTION

ZUTATEN:

1/4 Liter Wasser, 4–5 EL Hirseflocken, 1 TL Honig, 2 Marillen, 1 EL geriebene Haselnüsse, Walnüsse oder Mandeln, 1 TL Leinöl

ZUBEREITUNG:

Flocken in eine Schüssel geben und mit kochendem Wasser verrühren. Je nach gewünschter Konsistenz bei Bedarf noch Flüssigkeit nachgießen.

Geriebene Nüsse und Honig dazugeben und einige Minuten quellen lassen.

Inzwischen Marillen waschen, halbieren, entkernen und in Spalten schneiden. Hirsebrei in einer Schüssel anrichten, gedünstete Marillen zugeben und mit Leinöl beträufelt servieren.

Hirseflocken mit Apfel und Karotte

1 PORTION

ZUTATEN: 1/4 Liter Wasser, 4–5 EL Hirseflocken, 1 TL Honig, 1 kleiner Apfel, 1 kleine Karotte, 1 EL geriebene Haselnüsse, Walnüsse oder Mandeln, 1 TL Leinöl

ZUBEREITUNG:

Flocken in eine Schüssel geben und mit kochendem Wasser verrühren. Je nach gewünschter Konsistenz bei Bedarf noch Flüssigkeit nachgießen. Geriebene Nüsse und Honig dazugeben und einige Minuten quellen lassen.

Inzwischen Apfel und Karotte waschen. Den ungeschälten Apfel und die Karotte raspeln und mit dem Hirsebrei verrühren.

Hirsebrei in einer Schüssel anrichten und mit Leinöl beträufelt servieren.

Reisflocken mit Zwetschkenkompott

2 PORTIONEN

ZUTATEN: 1/4 Liter Wasser, 6–8 EL Reisflocken, 1 Prise Zimt, 250 g Zwetschkenkompott, 1 EL Honig oder Vollrohrzucker, 3 EL Wasser oder Apfelsaft, 2 TL Leinöl

ZUBEREITUNG:

Zwetschkenkompott vorbereiten: In einem Topf das Wasser oder den Apfelsaft erhitzen. Zwetschken waschen, halbieren, entkernen und in den Topf geben. Etwa 10 Minuten zu einem Kompott einkochen und heiß in saubere Schraubgläser einfüllen.

Am Morgen bzw. im Büro: Reisflocken in eine Schüssel geben, mit kochendem Wasser übergießen und umrühren. Je nach gewünschter Konsistenz bei Bedarf noch Flüssigkeit nachgießen. 1 bis 2 Minuten quellen lassen. Flockenbrei mit Zimt und Honig abschmecken.
Reisflockenbrei in zwei Schüsseln anrichten und mit je 1 TL Leinöl beträufeln. Das Zwetschkenkompott darüber geben oder in einer separaten Schüssel servieren. Bei Bedarf mit Honig oder Vollrohrzucker nachwürzen.

Ebenso wie Getreideflocken eignet sich auch Grieß besonders für eine rasche Zubereitung. Im Handel erhältlich sind Weizengrieß (fein) und Dinkelgrieß – besonders schmackhaft ist der Kamutgrieß.

Grießbrei mit Beeren

ZUTATEN: 1 Tasse Kamutgrieß, 2 Tassen Wasser, 2 TL Honig, 200 g frische Beeren (nach Belieben: Erdbeeren, Heidelbeeren, Himbeeren, Brombeeren), Saft einer Zitrone, einige Blätter Zitronenmelisse, 2 TL Butter

2 PORTIONEN

ZUBEREITUNG:

Wasser in einem Topf erhitzen, Grieß einrühren, einmal aufkochen und auf kleiner Flamme 2 bis 3 Minuten ausquellen lassen. In der Zwischenzeit Beeren waschen und Zitronenmelisse fein hacken. Grießbrei mit Honig abschmecken und in zwei Schüsseln anrichten. Je 1 TL Butter und die Beeren darauf verteilen. Mit Zitronenmelisse garniert servieren.

tipp: DER GRIESSBREI SCHMECKT EBENSO GUT MIT EINEM GERIEBENEN APFEL, ZIMT ODER ANDEREN OBSTSORTEN.

Getreidesalat mit Gemüse

Schnell vorbereitet und hervorragend zum Mitnehmen geeignet!

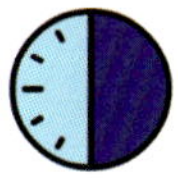

ZUTATEN: 1 Tasse Getreide (Reis, Hirse, Buchweizen u.a.), 2 Tassen Wasser, 200 g Gemüse der Saison (Karotten, Porree, Frühlingszwiebeln, Fenchel, Paprika, Stangensellerie, Kürbis u.a.), Salat (Radicchio, Chicoree, Rucola, Endivien)

ZUBEREITUNG:

Getreide kalt abspülen und in einem heißen Topf anrösten. Mit heißem Wasser aufgießen, aufkochen und auf kleiner Flamme ausquellen lassen bis es weich ist. Gemüse in mundgerechte Stücke schneiden und kurz dünsten. Getreide mit dem gekochten Gemüse vermischen und mit einer Marinade nach Belieben würzen. Frische Blattsalate erst kurz vor dem Servieren mit der Getreide-Gemüse-Mischung vermengen.

Zutaten für eine Marinade können sein:
- Sonnenblumenöl, Olivenöl, Walnussöl, Kürbiskernöl,
- Essig, Balsamicoessig
- Meersalz, Sojasoße
- Senf, Kren, Ingwer, Tomatenmark
- Kräuter (Dille, Petersilie, Basilikum, Thymian)
- Samen (Sesam, Sonnenblumenkerne, Kürbiskerne)

Frühstück mit Frischkäse

Frischkäse eignet sich sowohl für süße als auch pikante Frühstücksvarianten und ist rasch zubereitet – ideal für den Arbeitsplatz!

Frischkäse mit Radieschen

1 PORTION

ZUTATEN: 100 g Frischkäse oder Cottage Cheese mit Schnittlauch, 2–4 Radieschen, 1 TL Leinöl, 1 TL Gomasio, Pfeffer aus der Mühle

ZUBEREITUNG:
Radieschen waschen und in dünne Scheiben schneiden. Frischkäse mit den Radieschen, Leinöl und Gomasio verrühren. Mit Pfeffer aus der Mühle abschmecken. Als Beilage eignet sich Roggen- oder Sauerteigbrot.

tipp: MISCHEN SIE FRISCHKÄSE MIT IHREM LIEBLINGSGEMÜSE, Z.B. MIT RETTICH, COCKTAILTOMATEN, PAPRIKA, GURKEN ETC.

Frischkäse mit Obst

ZUTATEN: 100 g Frischkäse, 100 g Obst der Saison (Beeren, Apfel, Birne, Pfirsich u.a.), 1 TL Honig, 1 TL Sonnenblumenkerne, einige Tropfen Walnuss- oder Mandelöl, 1 Zweig Minze

1 PORTION

ZUBEREITUNG:

Obst waschen und in kleine Würfel schneiden.

Frischkäse mit Obst, Sonnenblumenkernen und Honig verrühren.

Mit ein paar Tropfen Öl beträufeln und mit frischer Minze garnieren.

Power-Frühstück mit Eiweiß (Protein)

Wie bereits im Kapitel „Typgerechtes Frühstück" (siehe Seite 14) beschrieben, gibt es Menschen, die bereits zum Frühstück etwas „Deftigeres" bevorzugen sollten, weil es diesen Stoffwechsel-Typ länger sättigt und mehr Energie für die Tagesaufgaben liefert. Aber auch wenn man nicht vorwiegend zu diesem Typ zählt, hat man hin und wieder Lust auf Eier und gehaltvollere Frühstücksvarianten, z.B. nach einer längeren Nacht oder bei einem ausgedehnten Frühstück am Wochenende. Auf den folgenden Seiten finden Sie Rezepte und Informationen zu Frühstücksvarianten, die nicht vorwiegend aus Kohlehydraten, sondern aus wertvollem Eiweiß bestehen.

Ei und Cholesterin – gut oder böse?

In fast allen Kulturen sind Eier Bestandteil des Frühstücks. Beispiele dafür sind z.B. das weiche Ei beim klassischen „Wiener Frühstück", das Spiegelei oder „scrambled eggs", Rühreier, im anglo-amerikanischen Raum, Eierspeise mit Bohnen und/oder Gemüse in Lateinamerika, oder hart gekochte Eier in den Mittelmeerländern. Doch dem Ei steht man heute misstrauisch gegenüber und viele raten von seinem Genuss ab.

Bei genauer Betrachtung sind Eier wichtige Eiweiß-Lieferanten. Sie enthalten zusätzlich wertvolle Inhaltsstoffe wie Eisen, Kalzium, Phosphor und die Vitamine A, D, E, K, B1, B2, B6 und B12.

Ein einziges Ei enthält im Eidotter bereits 250 bis 300 mg Cholesterin, jene Menge also, die als Zufuhr für einen ganzen Tag empfohlen wird, und nicht überschritten werden sollte. Neueste Forschungsergebnisse weisen aber darauf hin, dass ein Großteil dieser Cholesterinmenge vom Körper nicht aufgenommen wird. Eier enthalten nämlich auch wertvolles Lezithin, welches die Cholesterin-Aufnahme verhindert, d.h. überflüssiges Cholesterin wird wieder ausgeschieden. Außerdem ergab eine Langzeit-Untersuchung in den USA, dass die Menge des über die Nahrung aufgenommenen Cholesterins bei gesunden Menschen nur einen Einfluss von 2 % auf den Cholesterinspiegel im Blut hat.

Gerade wenn Sie zum „Eiweiß-Typ" zählen, der mit dem Frühstück mehr Eiweiß zu sich nehmen sollte, ist ein Frühstücks-Ei eine gute Möglichkeit. Genießen Sie es – ohne schlechtes Gewissen, aber achten Sie auf Frische und Qualität!

Informationen rund ums Ei

Abgesehen von Haltung und Ernährung der Hühner ist die Frische ein entscheidender Faktor für die Güte eines Eies. Nur frische Eier schmecken köstlich und schließen Erkrankungen, z.B. durch Salmonellen, aus.

Die Frische von Eiern lässt sich wie folgt überprüfen:

- Der Dotter eines aufgeschlagenen Eies wölbt sich halbkugelförmig, ist fest und wird von einem dickflüssigen Eiweiß-Ring umgeben. Bei alten Eiern ist der Dotter flach, seine Membran platzt leicht und das Eiweiß breitet sich dünnflüssig aus.
- Frische Eier bleiben in einem Glas mit Wasser am Boden liegen, alte Eier schwimmen (auf Grund der größeren Luftkammer).

Kaufen Sie Eier in kleinen Mengen, dafür aber öfter, und bewahren Sie Eier im Kühlschrank auf. Achten Sie außerdem auf die Herkunft und bevorzugen Sie Eier aus biologischer Landwirtschaft.

Seit dem 1.1.2004 werden alle Eier mit Zahlencodes gekennzeichnet. Daran können Sie Herkunft, Frische und Haltungsart erkennen.

Beispiel für einen Eiercode: **0-AT-12345-1**

Die erste Zahl weist auf die Haltungsform hin:

- **0** = Ökologische Erzeugung
- **1** = Freilandhaltung (Hühner im Freien, mit mind. 10 m^2 Auslauf pro Huhn)
- **2** = Bodenhaltung (Hühner können am Boden laufen und sitzen nicht in einem Käfig, aber ohne Verpflichtung für Auslauf oder Verpflichtung, die Hühner ins Freie zu lassen)
- **3** = Käfighaltung

Die Buchstaben erklären das Herkunftsland:

AT = Österreich **DE** = Deutschland **NL** = Niederlande

Der Rest der Zahlen gibt einen Hinweis auf die Betriebe und die genaue Bezeichnung des Stalls oder Legeortes (Identifizierungsnummer).

Das perfekte Rührei

Das perfekte Rührei schmeckt locker leicht und ist ein morgendlicher Genuss. Wenn Sie folgende Tipps beherzigen, wird es auch Ihnen perfekt gelingen:

2 PORTIONEN

ZUTATEN:

2–3 Eier (je nach Größe), 2–3 EL Wasser, Milch oder Schlagobers, 1 Prise Salz, Pfeffer aus der Mühle, 1 EL Olivenöl oder Butter

ZUBEREITUNG:

Eier mit Wasser, Milch oder Schlagobers und einer Prise Salz mit einer Gabel vorsichtig verrühren. Die Ei-Masse nicht zu lange schlagen, weil das Rührei sonst zäh wird. Einfach sanft verrühren bis sich die Flüssigkeit und das Ei schön vermischen.

Inzwischen in der Pfanne Olivenöl oder Butter erhitzen, auf mittlere Hitze zurückdrehen und die Ei-Masse eingießen. Achten Sie darauf, dass das Rührei nicht zu heiß gebraten wird, weil es sonst austrocknet. Die Ei-Masse in der Pfanne vorsichtig mit einem Holzlöffel oder einem Holzschaber von vorne nach hinten verschieben. Nicht wild mit der Gabel herum rühren!

Sobald das Rührei die gewünschte Konsistenz erreicht hat, mit Pfeffer aus der Mühle abschmecken und sofort servieren.

Als Beilage zum Rührei eignen sich Hirse, Polenta, getoastetes Brot oder gekochte Kartoffeln. Bekömmlicher für den Eiweiß-Typ sind die Rühreier jedoch ohne Kohlehydrate als Beilage. Als Ergänzung können Sie 1 bis 2 EL Bohnenpüree dazu essen (siehe Rezept Seite 101).

Rührei mit Tomaten und Rucola

2 PORTIONEN

ZUTATEN: 2–3 Eier (je nach Größe), 2–3 EL Wasser, Milch oder Schlagobers, 1 Prise Salz, 1 Fleischtomate, 1 Hand voll Rucola, 1 EL Olivenöl, 1 EL geröstete Sonnenblumenkerne

ZUBEREITUNG: Eier mit Wasser, Milch oder Schlagobers und einer Prise Salz mit einer Gabel vorsichtig verrühren. Inzwischen in der Pfanne Olivenöl erhitzen. Die Fleischtomate fein würfeln und im Olivenöl dünsten.
Die Ei-Masse zugießen, den Rucola darauf verteilen. Das Rührei 1 bis 2 Minuten bei mittlerer Hitze kurz stocken lassen und dann mit einem Holzlöffel vorsichtig zusammenschieben. Weitere 2 bis 3 Minuten bei mittlerer Hitze braten, bis das Rührei die gewünschte Konsistenz erreicht hat. Das Rührei auf 2 Teller verteilen und mit gerösteten Sonnenblumenkernen bestreut servieren.

Rührei mit Tomaten und Zwiebeln

ZUTATEN: 2–3 Eier (je nach Größe), 2–3 EL Wasser, Milch oder Schlagobers, 1 Prise Salz, 1 fein gewürfelte Tomate, 1 kleine fein gewürfelte Zwiebel, 1 TL Olivenöl oder Butter, 1 EL fein gehackte Petersilie, Pfeffer aus der Mühle

2 PORTIONEN

ZUBEREITUNG:

Eier mit Wasser, Milch oder Schlagobers und einer Prise Salz mit einer Gabel vorsichtig verrühren. Pfanne mit Olivenöl oder Butter erhitzen.

Zwiebel und Tomaten kurz darin andünsten, Ei-Masse zugeben und 3 bis 4 Minuten stocken lassen, bis das Rührei die gewünschte Konsistenz erreicht hat.

Mit gehackter Petersilie und Pfeffer aus der Mühle bestreut servieren.

Rührei mit Zucchini und Kürbiskernen

ZUTATEN: 2–3 Eier (je nach Größe), 2–3 EL Wasser, Milch oder Schlagobers, 1 Prise Salz, 1 halbe Zucchini, 2 EL Kürbiskerne, 1 EL Olivenöl, 1 Becher frische Kresse, Pfeffer aus der Mühle

2 PORTIONEN

ZUBEREITUNG:

Eier mit Wasser, Milch oder Schlagobers und einer Prise Salz mit einer Gabel vorsichtig verrühren. Die Zucchini waschen – halbieren und fein in Halbkreise schneiden. Olivenöl in der Pfanne erhitzen und Zucchini darin 1 bis 2 Minuten kurz andünsten. Kürbiskerne und Ei-Masse zugeben, kurz stocken lassen und dann vorsichtig ineinander verrühren. Das Rührei 2 bis 4 Minuten bei mittlerer Hitze braten, bis das Rührei die gewünschte Konsistenz erreicht hat.

Das Rührei mit frischer Kresse und Pfeffer aus der Mühle bestreut servieren.

Rührei mit Kartoffeln und Zwiebeln

2 PORTIONEN

ZUTATEN: 2–3 Eier (je nach Größe), 2–3 EL Wasser, Milch oder Schlagobers, 1 Prise Salz, 2 Kartoffeln, 1 gekochte Zwiebel, Pfeffer aus der Mühle, 1 EL Sonnenblumenöl, 1 Prise Muskatnuss

ZUBEREITUNG:

Eier mit Wasser, Milch oder Schlagobers und einer Prise Salz mit einer Gabel vorsichtig verrühren. Die Zwiebel fein würfeln, Kartoffeln schälen und ebenfalls in kleine Würfel schneiden. Sonnenblumenöl in der Pfanne erhitzen, Zwiebel- und Kartoffelwürfel darin 5 Minuten weich dünsten.

Ei-Masse dazugeben, kurz stocken lassen und vorsichtig ineinander verrühren.

Mit Muskatnuss, Salz und Pfeffer aus der Mühle abschmecken und weitere 2 bis 4 Minuten bei mittlerer Hitze braten, bis es die gewünschte Konsistenz erreicht hat.

Rührei mit Pilzen

2 PORTIONEN

ZUTATEN: 2–3 Eier (je nach Größe), 2–3 EL Wasser, Milch oder Schlagobers, 200 g Pilze nach Belieben (Champignons, Austernpilze, Eierschwammerln, Steinpilze), 1 TL Majoran, Salz, Pfeffer aus der Mühle, 1 EL Olivenöl

ZUBEREITUNG: Eier mit Wasser, Milch oder Schlagobers und einer Prise Salz mit einer Gabel vorsichtig verrühren. Pilze waschen, säubern und fein schneiden. Olivenöl in der Pfanne erhitzen, Pilze darin kurz andünsten.
Die Ei-Masse zugeben, mit Majoran, Salz und Pfeffer abschmecken und alles vorsichtig ineinander verrühren. Bei mittlerer Hitze 3 bis 4 Minuten braten, bis das Rührei die gewünschte Konsistenz erreicht hat.

Rührei mit Parmesan

2 PORTIONEN

ZUTATEN: 2–3 Eier (je nach Größe), 2–3 EL Wasser, Milch oder Schlagobers, 1 Prise Salz, 2 EL geriebener Parmesan, Pfeffer aus der Mühle, 1 Hand voll Rucola, 1 EL Olivenöl

ZUBEREITUNG:

Eier mit Wasser, Milch oder Schlagobers und einer Prise Salz mit einer Gabel vorsichtig verrühren. Das Olivenöl in der Pfanne erhitzen, die Ei-Masse zugeben, kurz stocken lassen und den geriebenen Parmesan darüber verteilen. Alles vorsichtig ineinander verrühren und einige Minuten bei mittlerer Hitze braten, bis die gewünschte Konsistenz erreicht ist.

Den Rucola waschen und am Teller verteilen, darauf das Rührei mit Parmesan anrichten und mit Pfeffer aus der Mühle bestreuen.

Rührei mit Thunfisch und Sesam

2 PORTIONEN

ZUTATEN: 2–3 Eier (je nach Größe), 2–3 EL Wasser, Milch oder Schlagobers, 1 Dose Thunfisch, 1 EL Sesam oder Gomasio, 1 EL Sesamöl, Salz, Pfeffer aus der Mühle, 1 Becher Kresse oder ein halber Bund Petersilie

ZUBEREITUNG: Eier mit Wasser, Milch oder Schlagobers und einer Prise Salz mit einer Gabel vorsichtig verrühren. Sesamöl in der Pfanne erhitzen, Thunfisch abtropfen lassen und in der Pfanne kurz dünsten.
Die Ei-Masse zugeben und bei mittlerer Hitze stocken lassen. Vorsichtig verrühren und solange braten, bis das Rührei die gewünschte Konsistenz erreicht hat. Mit Salz und Pfeffer abschmecken und das Rührei mit Sesam oder Gomasio bestreut servieren. Besonders dekorativ ist es, wenn Sie das Rührei mit etwas gehackter Petersilie oder Kresse anrichten.

Rührei mit Spinat und Schafkäse

ZUTATEN: 2–3 Eier (je nach Größe), 2–3 EL Wasser, Milch oder Schlagobers, 1 Hand voll Blattspinat, 100 g Schafkäse, 1 EL Olivenöl, Muskat, Salz, Pfeffer aus der Mühle, 1 Knoblauchzehe

2 PORTIONEN

ZUBEREITUNG: Eier mit Wasser, Milch oder Schlagobers und einer Prise Salz mit einer Gabel vorsichtig verrühren. Spinat waschen und in ca. 1 cm breite Streifen schneiden, Knoblauchzehe fein hacken. Olivenöl in der Pfanne erhitzen, Knoblauch und Spinat darin kurz andünsten.

Die Ei-Masse dazugeben und den Schafkäse mit der Hand darüber zerbröseln. Mit Salz, Pfeffer und Muskat abschmecken, kurz stocken lassen und dann vorsichtig ineinander verrühren. Das Rührei einige Minuten bei mittlerer Hitze braten, bis es die gewünschte Konsistenz erreicht hat.

Rührei mit Lachs

ZUTATEN: 2–3 Eier (je nach Größe), 2–3 EL Wasser, Milch oder Schlagobers, 1 Prise Salz, 100 g Lachs, 1 EL Olivenöl Pfeffer aus der Mühle, 1/2 Bund Dille

2 PORTIONEN

ZUBEREITUNG: Eier mit Wasser, Milch oder Schlagobers und einer Prise Salz mit einer Gabel vorsichtig verrühren.

Lachs in feine Streifen schneiden. Olivenöl in der Pfanne erhitzen, Lachs dazugeben und Ei-Masse darüber gießen. Kurz stocken lassen und dann vorsichtig ineinander verrühren. Bei mittlerer Hitze bis zur gewünschten Konsistenz braten. Mit Pfeffer abschmecken und mit Dille garniert servieren.

Rührei mit Prosciutto

ZUTATEN: 2–3 Eier (je nach Größe), 2–3 EL Wasser, Milch oder Schlagobers, 1 Prise Salz, 100 g Prosciutto, 1 EL Olivenöl, Pfeffer aus der Mühle

2 PORTIONEN

ZUBEREITUNG:

Eier mit Wasser, Milch oder Schlagobers und einer Prise Salz mit einer Gabel vorsichtig verrühren. Prosciutto in feine Scheiben schneiden. Olivenöl in der Pfanne erhitzen, Prosciutto dazugeben und Ei-Masse darüber gießen.

Kurz stocken lassen und vorsichtig ineinander verrühren.

Das Rührei einige Minuten bei mittlerer Hitze braten, bis es die gewünschte Konsistenz erreicht hat. Mit Pfeffer abschmecken und sofort heiß servieren.

Rührei mit Tomaten und Schnittlauch

2 PORTIONEN

ZUTATEN: 2–3 Eier (je nach Größe), 2–3 EL Wasser, Milch oder Schlagobers, 2–3 mittelgroße Tomaten, 1/2 Bund Schnittlauch, 1 EL Öl, Meersalz, Pfeffer aus der Mühle

ZUBEREITUNG:

Eier mit Wasser, Milch oder Schlagobers und einer Prise Salz mit einer Gabel vorsichtig verrühren.

Die Tomaten waschen und in kleine Würfel schneiden. Schnittlauch waschen, trocknen und in kleine Röllchen schneiden. Das Öl in einer Pfanne erhitzen und die Tomatenwürfel anbraten bis sie weich sind. Ei-Masse dazugeben, kurz stocken lassen und vorsichtig ineinander verrühren.

Das Rührei einige Minuten bei mittlerer Hitze braten, bis es die gewünschte Konsistenz erreicht hat.

Mit Salz und Pfeffer abschmecken und mit Schnittlauch bestreut servieren.

Rührei mit Stangensellerie

ZUTATEN: 2–3 Eier (je nach Größe), 2–3 EL Wasser, Milch oder Schlagobers, 2 Stangen Stangensellerie (ca. 100 g), 1 EL Sonnenblumenöl, Meersalz, Pfeffer aus der Mühle

2 PORTIONEN

ZUBEREITUNG: Eier mit Wasser, Milch oder Schlagobers und einer Prise Salz mit einer Gabel vorsichtig verrühren. Den Stangensellerie waschen, holzige Fasern entfernen und in feine Scheiben schneiden. In der Pfanne das Öl erhitzen und den Stangensellerie kurz anbraten. Ei-Masse dazugeben, kurz stocken lassen und vorsichtig ineinander verrühren.
Das Rührei einige Minuten bei mittlerer Hitze braten, bis es die gewünschte Konsistenz erreicht hat. Mit Salz und Pfeffer abschmecken.

Kartoffel-Omelett

ZUTATEN: 2–3 Eier (je nach Größe), 3 gekochte Kartoffeln, 2 EL Olivenöl, Pfeffer aus der Mühle, 2 Frühlingszwiebel, Meersalz

2 PORTIONEN

ZUBEREITUNG:
Gekochte Kartoffeln schälen und in dünne Scheiben schneiden. Olivenöl erhitzen, Frühlingszwiebel darin kurz braten und Kartoffelscheiben dazu geben. Mit Salz und Pfeffer abschmecken.
Die Eier verquirlen und über die Kartoffeln gießen und stocken lassen.

Energiesuppe mit Huhn

ZUTATEN: 1/2 Suppenhuhn oder Hühnerteile, 2 Karotten, 1 Stange Porree, 1 Knollensellerie, 2 Scheiben Ingwer, 1 EL Pfefferkörner, 1 EL Bockshornkleesamen, 1 TL Wacholderbeeren, 3 Lorbeerblätter

4–6 PORTIONEN

ZUBEREITUNG:

Hühnerteile in einen Topf mit heißem Wasser geben und kurz aufkochen lassen – entstehenden Schaum abschöpfen bzw. abgießen, und dann das Fleisch mit frischem, kaltem Wasser neu aufsetzen.
Grob geschnittenes Gemüse und alle Gewürze zugeben und 2 bis 3 Stunden bei mittlerer Hitze kochen. Wenn Sie das Fleisch als Suppeneinlage weiterverwenden möchten, nach 45 Minuten herausnehmen und nur die Knochen zurück in die Suppe geben.
Die fertige Suppe abseihen, Gemüse und Knochen wegwerfen.

tipp: DIESE SUPPE KÖNNEN SIE GUT AUFBEWAHREN, INDEM SIE SIE HEISS IN SAUBERE SCHRAUBGLÄSER EINFÜLLEN, SOFORT VERSCHLIESSEN, „AUF DEN KOPF STELLEN“ UND ABKÜHLEN LASSEN. SO ENTSTEHT EINE „SUPPEN-KONSERVE“, DIE SIE OHNE WEITERES EINIGE TAGE IM KÜHLSCHRANK AUFBEWAHREN KÖNNEN.

Diese Suppe können Sie dann mit verschiedenen Suppeneinlagen rasch zubereiten:

Hühnersuppe mit Radieschen und Schnittlauch

ZUTATEN: 2 Portionen vorbereitete Energiesuppe, 1 Bund Radieschen samt Blättern, 1 EL Tamari oder Sojasoße, 2 EL Hühnerfleisch klein geschnitten, 1 Bund Schnittlauch

2 PORTIONEN

ZUBEREITUNG: Radieschen waschen und in Scheiben schneiden. Wenn die Blätter schön sind, auch einige Radieschenblätter in Streifen schneiden. Radieschen und Hühnerfleisch in der Energiesuppe erwärmen, Radieschengrün zugeben und mit Tamari oder Sojasoße abschmecken. Schnittlauch in Röllchen schneiden und Suppe damit bestreuen.

Hühnersuppe mit Gemüse

ZUTATEN: 2 Portionen vorbereitete Energiesuppe, 200 g Gemüse nach Saison (Fenchel, Kohlrabi, Blattspinat, Champignons, Chicoree, Stangensellerie, Chinakohl),

2 PORTIONEN

2 EL Hühnerfleisch klein geschnitten,
2 EL Tamari oder Sojasoße, 1 Bund frische Kräuter (Thymian, Petersilie, Liebstöckl etc.)

ZUBEREITUNG:

Suppe aufwärmen. Gemüse waschen, klein schneiden und mit dem Hühnerfleisch in der Suppe für einige Minuten erhitzen. Kräuter waschen, trocken tupfen und fein hacken. Die Suppe mit Tamari oder Sojasoße abschmecken und mit frischen Kräutern bestreut servieren.

Chili con carne

Besonders gut vorzubereiten, schmeckt aufgewärmt noch besser!

4 PORTIONEN

ZUTATEN:

2 kleine Zwiebeln,
250 g faschiertes Rindfleisch,
1 EL Sonnenblumenöl, 200 g gekochte Bohnen (Adzukibohnen, Nierenbohnen oder schwarze Bohnen), 1 Dose geschälte Tomaten,
2 EL Tomatenpüree, 1 TL Meersalz, 1 TL Majoran,
1 TL Bockshornkleesamen, 2 Lorbeerblätter,
Pfeffer aus der Mühle, 1 getrocknete Chilischote – je nach gewünschter Schärfe

ZUBEREITUNG:

Sonnenblumenöl erhitzen, klein geschnittene Zwiebel sanft anbraten und Faschiertes zugeben.
Die Mischung 10 bis 15 Minuten braten und dann die gekochten Bohnen und Tomaten zugeben. Bei Bedarf mit etwas Wasser aufgießen.
Tomatenpüree, Majoran, Bockshornkleesamen, gehackte Chilischote und Lorbeerblatt gut unterrühren und zugedeckt 30 Minuten bei mittlerer Hitze garen.
Mit Salz und Pfeffer abschmecken.

1 **Linsen**

2 **Rote Linsen**

3 **Kichererbsen**

4 **Schwarze Bohnen**

5 **Adzukibohnen**

6 **Tofu**

7 **Miso**

Power-Frühstück mit Hülsenfrüchten

Getrocknete Hülsenfrüchte haben den Vorteil, jahrelang haltbar zu sein und füllten daher bereits in grauer Vorzeit unsere Vorratskammern. Botanisch handelt es sich bei den Hülsenfrüchten um die getrockneten Samen der Leguminosen: Linsen, Bohnen, Erbsen oder Erdnüsse. Sie sind im Wachstum sehr anspruchslos und daher weltweit verbreitet. Speziell in der biologischen Landwirtschaft haben Hülsenfrüchte eine besondere Bedeutung, weil sie an ihren Wurzeln Luftstickstoff im Boden binden können und so ideale Pflanzen in einer Fruchtfolge sind.

Von allen pflanzlichen Produkten weisen Hülsenfrüchte den höchsten Eiweißgehalt auf. Sie enthalten zwar nicht alle essenziellen Aminosäuren in ausreichendem Maß, aber bereits unsere Vorfahren fanden heraus, dass sie – gemeinsam mit Getreide zubereitet – eine hochwertige und vollständige Mahlzeit darstellen. Hülsenfrüchte zeichnen sich weiters durch einen hohen Gehalt an Kalium, Kalzium, Phosphor, Eisen, Kupfer, Mangan, Zink und Jod sowie an den Vitaminen A, B1 und B2 aus. Der Fettgehalt ist gering und erreicht nur bei der Sojabohne höhere Werte (18 bis 22 %). Der Genuss von rohen, trockenen Hülsenfrüchten ist auf Grund bestimmter Inhaltsstoffe, die erst durch das Kochen abgebaut werden, gesundheitsschädlich.

In der modernen Landwirtschaft wurden Hülsenfrüchte vielfach zu Viehfutter degradiert. Schenken Sie Ihnen wieder mehr Beachtung und nutzen Sie ihre hervorragenden Eigenschaften für Ihre Gesundheit!

Hülsenfrüchte richtig zubereiten

Hülsenfrüchte sind für viele Menschen schwer verdaulich, was sich zumeist in Völlegefühl und Blähungen äußert. Bei Beachtung folgender Zubereitungshinweise werden Hülsenfrüchte normalerweise gut vertragen:

- Getrocknete Hülsenfrüchte müssen vor der Zubereitung immer sorgfältig verlesen werden, denn zwischen den Samen stecken oft kleine Steine.
- Anschließend die Hülsenfrüchte in einer Schüssel mit reichlich kaltem Wasser waschen. Lose Schalenteile steigen so an die Oberfläche und lassen sich leicht entfernen.
- Bohnen und Erbsen 7 bis 8 Stunden (am besten über Nacht) mit kaltem Wasser bedeckt einweichen.
- Linsen etwa 4 bis 6 Stunden einweichen. Rote Linsen brauchen nicht eingeweicht werden!
- Zum Einweichen am besten einen großen Topf verwenden, da die Hülsenfrüchte beim Quellen ihr Volumen verdreifachen.
- Das Einweichwasser abgießen, die Hülsenfrüchte abspülen und anschließend in einem Topf mit frischem Wasser auf den Herd stellen.
- Nach dem ersten Aufkochen die Hülsenfrüchte ohne Deckel weich kochen. Dadurch wird das Entweichen von Gasen ermöglicht.
- Falls Schaum entsteht, sollte dieser sorgfältig abgeschöpft werden.

Linsen

Die Linse stammt aus dem Mittelmeerraum oder Kleinasien und ist seit mindestens 8000 Jahren eine wichtige Nutzpflanze. Hierzulande findet man meist ungeschälte, braune und grüne Linsen sowie die kleineren, bereits geschälten und teilweise auch halbierten roten Linsen. Letztere benötigen keine Einweichzeit und sind schon innerhalb von 15 Minuten Kochzeit gar. Der Geschmack von Linsen ist typisch „erdig".

Rote Linsen mit Avocado und Radieschen

2 PORTIONEN

ZUTATEN: 1 Tasse rote Linsen, 2 Tassen Wasser, 2 Frühlingszwiebeln, 1 TL geriebener Ingwer, Meersalz, Saft einer Zitrone, 1 TL Kurkuma (Gelbwurz), 1 Avocado, Pfeffer aus der Mühle, 2 Radieschen, 1 Hand voll Rucola

ZUBEREITUNG:

Frühlingszwiebel waschen und in Scheiben schneiden. In einem Topf Wasser erhitzen und darin Linsen mit Ingwer und Frühlingszwiebel etwa 15 Minuten weich kochen. Mit Salz, Pfeffer und Kurkuma abschmecken.

Auf einem Teller inzwischen je eine halbe Avocado mit Zitronensaft beträufeln. Radieschen klein schneiden oder raspeln und mit gewaschenem Rucola vermischen. Diesen Salat mit den Linsen neben der Avocado anrichten.

Linsenpüree mit Stangensellerie

2 PORTIONEN

ZUTATEN: 1 Tasse rote Linsen, 2 Tassen Wasser, 2 Stangensellerie, Meersalz, Saft einer Zitrone, Pfeffer aus der Mühle, 2 TL Sesamöl

ZUBEREITUNG: Stangensellerie waschen und in Scheiben schneiden. In einem Topf Wasser erhitzen und darin die Linsen mit dem Stangensellerie etwa 15 Minuten weich kochen. Mit Salz, Pfeffer und Zitronensaft abschmecken. Linsenpüree mit je 1 TL Sesamöl beträufelt servieren.

Linsen-Cous Cous mit Gemüse

2 PORTIONEN

ZUTATEN: 1 Zwiebel, 2 Stangensellerie, 1 Zucchini, 1 EL Olivenöl, 100 g rote Linsen, 1 Gemüsebrühwürfel, 100 g Cous Cous, Salz, Pfeffer aus der Mühle, 1 TL Kreuzkümmel (Kumin)

ZUBEREITUNG: Die Zwiebel schälen und fein hacken. Stangensellerie und Zucchini waschen und in dünne Scheiben schneiden. In einem Topf das Öl erhitzen und die Zwiebel darin glasig dünsten.

Stangensellerie und Linsen zufügen und mit einem 1/2 l Wasser aufgießen. Gemüsebrühwürfel zugeben und 10 Minuten bei mittlerer Hitze einkochen lassen. Cous Cous und Zucchinischeiben dazu geben. Bei Bedarf noch etwas Wasser nachgießen. Auf kleine Hitze zurückdrehen und etwa 5 Minuten quellen lassen. Mit Salz, Pfeffer und Kreuzkümmel abschmecken.

Kichererbsen

Kichererbsen wurden in Kleinasien bereits vor 8000 Jahren angebaut und haben sich von dort in den Mittelmeerraum und bis nach Indien verbreitet. In Mexiko und Indien sind sie auch heute noch wichtiges Grundnahrungsmittel.
Aus gewürztem Kichererbsenbrei wird im Nahen Osten und in Nordafrika Falafel hergestellt. In der syrischen Küche ist eine Paste aus Kichererbsen und Sesam, bekannt als Humus, sehr beliebt. Kichererbsen enthalten rund 20 % Eiweiß, 40 % Kohlehydrate und etwa 12 % Ballaststoffe, viel Lysin, Vitamin B1, B6 und Folsäure. Der Mineralstoffgehalt an Magnesium, Eisen und Zink ist hoch.

Kichererbsenlaibchen

6–8 LAIBCHEN

ZUTATEN: 2 Tassen über Nacht eingeweichte Kichererbsen, 2 Knoblauchzehen, 1 Bund Frühlingszwiebeln, 2 EL Sesam, 1 EL Korianderkörner, 1 grüner Paprika, 1 Bund Petersilie oder Koriandergrün, 2 Eier, 2–3 EL Mehl, Salz, Pfeffer, Sonnenblumenöl zum Braten der Laibchen

ZUBEREITUNG: Eingeweichte und abgetropfte Kichererbsen in kaltem Wasser zustellen und ca. 1 Stunde weich kochen. In einer Schüssel oder in der Küchenmaschine Sesam, Paprikastückchen, Eier, Knoblauch, Frühlingszwiebel, Korianderkörner, Pfeffer und die abgetropften Kichererbsen zu einer Paste verarbeiten. Gehackte Petersilie oder Koriandergrün beimengen und mit Zitronensaft und einer Prise Kurkuma abschmecken.
Mit bemehlten Händen Laibchen formen und in wenig Öl braten. Sollte die Masse zu wässrig sein, mit etwas Mehl binden.

tipp: DIESE LAIBCHEN KÖNNEN SEHR GUT VORBEREITET WERDEN UND EIGNEN SICH HERVORRAGEND ZUM MITNEHMEN AN DEN ARBEITSPLATZ.

Aufstriche mit Hülsenfrüchten

ZUTATEN: 1 Tasse Hülsenfrüchte (Bohnen, Linsen, Kichererbsen), 1 TL Bockshornkleesamen, 1 Lorbeerblatt

ZUBEREITUNG: Hülsenfrüchte über Nacht einweichen, Einweichwasser abgießen, durchspülen und mit frischem Wasser bedeckt aufkochen. Bockshornkleesamen und Lorbeerblatt beigeben und ca. 1 Stunde bei kleiner Hitze weich kochen. Bei Bedarf weiteres Wasser zugeben.

Die gekochten Hülsenfrüchte mit den weiteren Zutaten pürieren.

Kichererbsenaufstrich: gekochte Kichererbsen, 2 EL Olivenöl, 2 Knoblauchzehen, 1 EL Tahin (Sesampaste), 1/2 Bund Petersilie, Salz, Pfeffer, Zitronensaft

Bohnenaufstrich: gekochte Bohnen, 1 Zwiebel, 1 EL Tomatenmark, Pfeffer, Meersalz, Zitronensaft

Linsenaufstrich: gekochte Linsen, 1 TL Majoran, 1 TL Thymian, Salz, Pfeffer, 1 Zwiebel

Bohnen

Es gibt eine Unzahl an Bohnenarten in den unterschiedlichsten Farben und Größen. Sie enthalten durchwegs größere Mengen an Kalzium, Kalium, Magnesium und Eisen sowie die Vitamine B2, B6, C, E, Provitamin A und Folsäure.
Kidneybohnen sind rot und nierenförmig (engl. kidney = Niere). Sie schmecken sehr aromatisch, leicht süßlich (ähnlich Esskastanien) und sind besonders in Südamerika sehr beliebt. **Schwarze Bohnen** sind ebenfalls nierenförmig mit einer glänzenden, schwarzen Schale und weißem Kern. In Südamerika wird eine Soße aus schwarzen Bohnen als Basis zu Mais und Hirse gegessen. Die **Adzukibohne** (auch Aduki- oder Azukibohne) wird seit Jahrtausenden in China, Korea und Japan angebaut und ist heute in ganz Südostasien verbreitet. Inzwischen wird sie auch in Italien biologisch angebaut. Auf Grund ihrer wertvollen Eigenschaften werden Adzukibohnen vielfach in der Ernährungstherapie nach der Traditionellen Chinesischen Medizin verwendet.

Adzukibohnen-Püree

4–6 PORTIONEN

ZUTATEN: 1 Tasse Adzukibohnen, 2 Scheiben Ingwer, 1 Lorbeerblatt, Pfeffer aus der Mühle, 1 Frühlingszwiebel, Tamari oder Sojasoße, 1 TL Bockshornkleesamen

ZUBEREITUNG: Adzukibohnen über Nacht einweichen. Einweichwasser wegschütten und Bohnen gründlich waschen, mit 2 bis 3 Tassen kaltem Wasser aufsetzen. Ingwer, Lorbeerblatt und Bockshornkleesamen beigeben und die Bohnen etwa 1 Stunde weich kochen. Die gekochten Adzukibohnen mit etwas Kochwasser pürieren und mit Pfeffer und Tamari oder Sojasoße abschmecken. Frühlingszwiebel fein hacken und unterrühren.

tipp: DIESES PÜREE IST FÜR 2 BIS 3 TAGE IM KÜHLSCHRANK HALTBAR UND EIGNET SICH SEHR GUT ALS BEILAGE ZU RÜHREI.

Sojabohnen werden in China seit fast 5000 Jahren angebaut und fanden im 17. und 19. Jahrhundert, also erst relativ spät, den Weg auf die anderen Kontinente.
Durch ihren ungewöhnlich hohen Anteil an Eiweiß (ca. 39 %) und Öl (ca. 17 %) ist die Sojabohne heute die weltweit wichtigste Hülsenfrucht. Bemerkenswert ist außerdem der Reichtum an Lecithin, das eine wichtige Rolle im Nervensystem spielt und vor Cholesterin schützt.
Außerdem hat Soja einen außerordentlich hohen Mineralstoffgehalt und weist einen Rekordwert an Vitamin E auf.
Die Sojabohne wird heute vorwiegend als Ölpflanze und als Kraftfutter verwendet. Für die menschliche Ernährung werden u.a. Tofu, Sojasoße und Miso hergestellt. Die bei uns bekannten Sojakeimlinge sind in Wirklichkeit Sprossen von Mungbohnen.

Tofu – auch „Bohnenquark" genannt – ist geronnene Sojamilch. Die Gerinnung wird meist durch Nigari, ein aus Meersalz gewonnenes Bittersalz, herbeigeführt.
Tofu besitzt 12 bis 14 % Eiweiß und alle acht essenziellen Aminosäuren, die in einem so ausgewogenen Verhältnis enthalten sind, dass ihre biologische Wertigkeit die von Fleisch, Fisch und Milch übertrifft.
Nur eines besitzt Tofu leider nicht: Geschmack. Was aber nicht unbedingt ein Nachteil ist, denn so kann er ideal das Aroma der Zutaten annehmen. Man kann Tofu kochen, braten, in Würfel schneiden und als Suppeneinlage verwenden, oder auch für süße Gerichte verarbeiten.

Misosuppe mit Tofu

2 PORTIONEN

ZUTATEN: 100 g Sojakeimlinge, 1 Stück getrocknete Wakame-Alge, 3–4 EL Miso, 50 g in Würfel geschnitter Tofu, 1/2 l Wasser, Tamari oder Sojasoße

ZUBEREITUNG:

Wasser in einem Topf mit den Sojakeimlingen und Tofuwürfeln 5 Minuten erhitzen. Dann den Topf vom Herd nehmen und Misopaste einrühren. Nicht mehr aufkochen. Mit Tamari oder Sojasoße abschmecken.

Miso *ist eine Paste, die wesentlicher Bestandteil der japanischen Frühstückskultur ist und in vielen asiatischen Gerichten verwendet wird. Zur Herstellung wird eine Mischung aus gekochten Sojabohnen und gekochtem Reis oder gekochter Gerste in Fässern sechs bis achtzehn Monate lang fermentiert. Durch den Fermentationsprozess enthält Miso wertvolle Enzyme und Milchsäurebakterien. Miso ist wie ein „Suppenwürfel" sofort einsatzbereit und sehr praktisch für die schnelle Küche. Zur Erhaltung der Enzyme sollte Miso allerdings nicht aufgekocht, sondern nur schonend erwärmt werden.*

Power-Frühstück für Kinder

Viele Mütter sind damit konfrontiert, dass ihre Kindergarten- oder Schulkinder regelrechte Frühstücksverweigerer sind. Die Untersuchungen weisen darauf hin, dass fast 50 % der Schulkinder „nüchtern" zur Schule gehen. Untersuchungen und Blutzuckertests in Schulen haben weiters bestätigt, dass bei Schülern, die nicht gefrühstückt haben, die Blutzuckerwerte und damit zusammenhängend die Leistungsfähigkeit im Laufe des Vormittags deutlich absinkt. Als Folge treten Nervosität und Konzentrationsmängel während der Unterrichtsstunden auf.

Für Kinder ist es wichtig, regelmäßige Essenszeiten einzuhalten. Jede Regellosigkeit bei den Essenszeiten führt auf lange Sicht gesehen zu Naschsucht und überhöhter Energiezufuhr, da immer nur „Kleinigkeiten" gegessen werden und der Überblick verloren geht, wie viel wirklich pro Tag konsumiert wird.

Die Eltern als Vorbild

Ohne Ihnen ein schlechtes Gewissen machen zu wollen: Kinder lernen von Ihrer Umgebung und übernehmen die Gewohnheiten der Eltern. Deshalb ist es besonders für die Frühstücksgewohnheiten wichtig, Ihren Kindern ein Vorbild zu sein. Nur wenn Sie selbst sich morgens etwas Zeit nehmen und frühstücken, wird auch Ihr Kind gerne etwas essen.

Machen Sie aus dem Frühstück ein Familienfest und genießen Sie die gemeinsame Zeit am Morgen. So fällt allen Familienmitgliedern der Start in den Tag leichter und mit etwas Vorbereitung kostet es kaum mehr Zeit als bisher. So können Sie z.B. den Frühstückstisch und einige der folgenden Rezepte bereits am Abend vorbereiten.

Tipps und Tricks für das Frühstück mit Kindern

- Spielerisch können Sie einen Frühstücksplan erstellen, indem Sie die einzelnen Tätigkeiten, wie Tisch decken, Tisch abräumen, Frühstücksrezept auswählen u.Ä. auf einzelne Blätter Papier schreiben und die Tätigkeiten am Vorabend per Los verteilen.
- Kinder haben normalerweise großen Spaß daran, wenn sie aktiv in das Geschehen eingebunden werden. Nehmen Sie sich am Wochenende Zeit und probieren Sie gemeinsam neue Rezepte aus. Zeigen Sie Ihren Kindern verschiedene (Getreide-) Zutaten. Erklären Sie Ihnen, wie sie entstehen und woher sie kommen. Besichtigen Sie gemeinsam einen Bauernhof oder Imker – die Herkunft der Zutaten verliert dadurch ihre Anonymität und nebenbei wecken Sie in den Kindern Begeisterung für die Natur.
- Erstellen Sie ein gemeinsames Frühstücks-Kochbuch! Jedes Rezept, das schmeckt, wird mit Foto, Zeichnung und Beschreibung verewigt. Bei Bedarf haben Sie dann eine schöne Liste zur Verfügung, aus der Sie gemeinsam auswählen können.
- Lassen Sie Ihre Kinder Rezepte erfinden! Die kindliche Phantasie entwickelt oft die ungewöhnlichsten Kreationen.

Kindgerechte Ernährung

In der gesunden Ernährung von Kindern sollte der Anteil von Kohlehydraten mit 55 bis 60 % alle anderen Nährstoffe überflügeln. Getreide ist dazu besonders gut geeignet und enthält außerdem viele Vitamine des B-Komplexes, so z.B. das Vitamin B1 (Thiamin). Auf Grund des Ernährungsverhaltens der Bevöl-

kerung in Industrieländern ist eine ausreichende Thiamin-Versorgung nicht immer gewährleistet. Leichte Mängel an Thiamin sind bei Schulkindern sehr häufig und führen zum Auftreten von Müdigkeit, Appetitlosigkeit und Verdauungsstörungen.

Rohes Getreide oder Müsliflocken sind allerdings schwer verdaulich und deshalb für Kinder nur bedingt geeignet. Vermeiden Sie außerdem die im Handel erhältlichen Frühstücks-Cerealien (siehe Infos Seite 25), weil sie zumeist einen sehr hohen Zuckergehalt aufweisen. Alternativen dazu finden Sie in den folgenden Rezepten.

Der von der DGE (Deutsche Gesellschaft für Ernährung) empfohlene Eiweißanteil liegt zwischen 10 bis 15 % und sollte bei Kindern zur Hälfte mit tierischem Eiweiß gedeckt werden. Der empfohlene Fettanteil liegt mit 30 bis 40 % höher als für Erwachsene (25 bis 30 %). Fette haben für das Sättigungsgefühl eine große Bedeutung. Die Verweildauer der Nahrung im Magen wird durch Fette verlängert. Bei hohem Energiebedarf im Spitzenwachstum und bei schweren körperlichen Belastungen ist Fett nötig, um die notwendige Energie zu liefern.

Nüsse, Samen und Öle *Die darin enthaltenen speziellen Fettsäuren sind unter anderem für den Aufbau von Nervenzellen und Botenstoffen besonders wichtig. Sie sollten von Kindern täglich in kleinen Mengen (1 bis 2 Esslöffel) gegessen werden. Sehr gut geeignet ist dafür das Frühstück. Zu beachten ist, dass Nüsse Allergien auslösen können und der Verzehr erst ab dem 3. Lebensjahr angeraten wird.*

Grießbrei mit Zimt

ZUTATEN: 1 Tasse Grieß (Weizen- oder Dinkelgrieß), 2 Tassen Wasser, Milch oder Milch-Wasser-Gemisch (50:50),1 EL Honig, 1 EL Butter, 1 TL Zimt

2 PORTIONEN

ZUBEREITUNG:

Wasser in einem Topf erhitzen, Grieß einrühren, einmal aufkochen und auf kleiner Flamme 2 bis 3 Minuten ausquellen lassen.

Grießbrei mit Honig abschmecken und in zwei Schüsseln mit einem Butterflöcken anrichten.

tipp: DER GRIESSBREI SCHMECKT MIT EINEM GERIEBENEN APFEL ODER ANDEREN OBSTSORTEN BESONDERS GUT.

Grießbrei mit Zwetschkenkompott

ZUTATEN: 1 Tasse Grieß, 2 Tassen Wasser, Milch oder Milch-Wasser-Gemisch (50:50), 1 EL Honig, 200 g Zwetschken, 1 Zimtstange, Saft von einer Zitrone, 2 TL Weizenkeimöl

2 PORTIONEN

ZUBEREITUNG: Wasser in einem Topf erhitzen, Grieß einrühren, einmal aufkochen und auf kleiner Flamme 2 bis 3 Minuten ausquellen lassen. In der Zwischenzeit Zwetschken waschen, halbieren und in einem weiteren Topf mit etwas Wasser und der Zimtstange zu einem Kompott verkochen. Grießbrei mit Honig abschmecken und in zwei Schüsseln anrichten. Zwetschkenkompott darauf verteilen und je 1 TL Weizenkeimöl darüber träufeln.

tipp: BEREITEN SIE EINE GRÖSSERE MENGE GRIESSBREI VOR UND GEBEN SIE IHN IN KLEINE SCHÜSSELN ODER TASSEN, DIE SIE VORHER MIT KALTEM WASSER AUSSPÜLEN. ABGEKÜHLT IST DER GRIESSBREI WIE FERTIGER PUDDING. MIT EINEM OBSTKOMPOTT ODER -MUS HABEN SIE SO BEREITS EINE FERTIGE ZWISCHENMAHLZEIT ODER EIN FRÜHSTÜCK FÜR DEN NÄCHSTEN MORGEN.
FÜR KINDER WIRD DER GRIESSPUDDING BESONDERS INTERESSANT, WENN SIE EINE KLEINE ÜBERRASCHUNG DARIN „VERSTECKEN“.
LEGEN SIE DAZU EIN STÜCK SCHOKOLADE, SMARTIES ODER ANDERE LIEBLINGSLECKEREIEN AUF DEN BODEN DER SCHÜSSEL ODER TASSE.

Polenta-Stangerln mit Obstmus

4–6 PORTIONEN

ZUTATEN: 1 Tasse Polenta, 2 Tassen Wasser, Milch oder Milch-Wasser-Gemisch (50:50), 1 Prise Salz, 1 EL Butter, 500 g Obst der Saison (z.B. Äpfel, Himbeeren, Erdbeeren), 1 Tasse Wasser, 2 EL Mais- oder Kartoffelstärke, Honig

ZUBEREITUNG: Das Wasser erhitzen, die Polenta einrühren und mit einer Prise Salz würzen. Den Brei einmal aufkochen lassen und dann auf kleiner Flamme 3 bis 5 Minuten ziehen lassen.

Bei Bedarf noch etwas Wasser zugeben. Im Anschluss daran weitere 5 bis 10 Minuten quellen lassen.
In der Zwischenzeit Obst waschen und in mundgerechte Stücke schneiden. In einem Topf das Wasser mit den Obststücken zum Kochen bringen. Je nach Obstart ein paar Minuten weich dünsten. Wenn Ihr Kind keine Obststücke mag und ein Püree bevorzugt, dann diesen Brei pürieren. Mais- oder Kartoffelstärke in etwas kaltem Wasser anrühren und zum Obstbrei geben, einmal aufkochen. Mit Honig abschmecken.
Abgekühlte Polenta in eine Auflaufform oder eckige Schüssel (z.B. Tupperware) streichen. Nach dem Erkalten können Sie einzelne Polenta-Schnitten abschneiden und mit Obstmus servieren.

tipp: DIESE POLENTASCHNITTEN KÖNNEN BEREITS AM ABEND GUT VORBEREITET WERDEN UND SIND DAMIT AM MORGEN BLITZSCHNELL FERTIG. EINFACH ABGEKÜHLTE POLENTA IN SCHNITTEN SCHNEIDEN, IN EINER BESCHICHTETEN PFANNE ANBRATEN UND KURZ ERWÄRMEN. MIT OBSTMUS SERVIEREN.

Knäckebrot-Müsli

ZUTATEN: 1 Knäckebrot, 100 g Jogurt, 50 g Beeren, 1 TL Sonnenblumenkerne, 1 TL Honig

1 PORTION

ZUBEREITUNG: Knäckebrot mit der Hand zerbröseln und mit dem Jogurt verrühren. Beeren, Sonnenblumenkerne und Honig unterrühren und sofort servieren. Kinder lieben es knusprig!

Reispuffer mit Marillenkompott

ZUTATEN: 2 Tassen Rundkornreis oder Süßreis, 4 Tassen Milch, Wasser oder Milch-Wasser-Gemisch (50:50), 4 EL Vollrohrzucker, 1 EL Zitronensaft, 2 Äpfel, 250 g Marillen, 1 TL Zimt, 1 Ei, 1 EL Kokosfett zum Braten

4 PORTIONEN

ZUBEREITUNG: Den Reis mit kaltem Wasser waschen und in einem Topf mit Milch oder Wasser zum Kochen bringen. Zucker dazugeben und bei schwacher Hitze etwa 20 Minuten ausquellen lassen.

Inzwischen die Äpfel waschen, schälen, halbieren, Kerngehäuse entfernen und die Äpfel fein raspeln. Die geraspelten Äpfel mit Zitronensaft vermischen. Die Marillen waschen, halbieren, entkernen und mit etwas Wasser ca. 5 Minuten weich dünsten. Mit Zimt und mit Zucker nach Belieben abschmecken. Die geraspelten Äpfel mit dem Reis vermischen und das Ei zugeben. Kokosfett in einer Pfanne erhitzen und mit einem Esslöffel Häufchen von der Reismasse in die Pfanne geben, flachdrücken und bei mittlerer Hitze auf beiden Seiten braten, bis sie knusprig und braun sind. Die Puffer auf Küchenpapier abtropfen lassen und dann mit dem Marillenkompott servieren.

tipp: DIESE REISPUFFER KÖNNEN GUT VORBEREITET WERDEN UND IN EINER JAUSENBOX ODER IN TUPPERWARE ALS ZWISCHENMAHLZEIT DEN KINDERN IN DIE SCHULE MITGEGEBEN WERDEN. DAS KOMPOTT DAZU AM BESTEN IN EINEM SCHRAUBGLAS FEST VERSCHLIESSEN – SO KANN ES GUT TRANSPORTIERT WERDEN.

Haferflocken-Porridge mit Mohn

Viele Kinder kennen Porridge oder Hafergrütze aus „Mary Poppins“ oder auch aus „Alice aus dem Wunderland“, das macht die Speise so richtig interessant. Außerdem ist Hafer mild, sättigt gut und enthält Stoffe, die munter machen.

ZUTATEN: 3 EL Haferflocken, 1 EL geriebener Mohn, 100 ml Milch, Wasser oder Milch-Wasser-Gemisch (50:50), 1 TL Honig, Saft einer 1/2 Zitrone, 1–2 EL Schlagobers, 1 kleiner Apfel

1 PORTION

ZUBEREITUNG: Die Haferflocken mit dem Mohn und der Milch oder dem Wasser aufkochen und 8 bis 10 Minuten auf kleiner Flamme weich kochen. Die Haferflocken mit Honig abschmecken. Inzwischen den Apfel waschen, schälen, halbieren, Kerngehäuse entfernen und grob raspeln.
Die Apfelraspeln und den Zitronensaft zu den Haferflocken zugeben und kurz ziehen lassen. Schlagobers kurz aufschlagen und unter das Porridge rühren.

tipp: KLEINE MENGEN SCHLAGOBERS KÖNNEN BESONDERS GUT MIT EINEM MILCHSCHÄUMER AUFGESCHLAGEN WERDEN.

Schoko-Maroni-Wurst

6 PORTIONEN

ZUTATEN: 250 g Maronipüree (ungesüßt aus der Dose), 200 g getrocknete Bananen, 200 ml Schlagobers, 2 TL Kakaopulver, 1 EL Vollrohrzucker, Frischhaltefolie zum Einwickeln

ZUBEREITUNG:
Schlagobers mit den getrockneten Bananen, dem Zucker und dem Kakaopulver in einem Topf bei schwacher Hitze etwa 5 Minuten unter ständigem Rühren kochen und dann abkühlen lassen. Die Bananenmasse und das Maronipüree mit dem Pürierstab verrühren.
Die Masse für einige Stunden im Kühlschrank kaltstellen und dann in 6 Portionen teilen. Je eine Portion auf ein Stück Frischhaltefolie geben und zu einer Wurst rollen. Die Würste in der Folie im Kühlschrank aufbewahren. Sie sind so bis zu etwa 2 Wochen haltbar. Diese Maroniwürste sind eine ausgezeichnete Zwischenmahlzeit für Schule und Kindergarten bzw. auch als schnelles Frühstück gut geeignet.

Vanille-Waffeln

Waffeln sind bei Kindern immer beliebt. Ein Waffelteig ist schnell gerührt und backen dürfen die Kinder!

CA. 12 STÜCK

ZUTATEN: 125 g Butter, 100 g Vollrohrzucker, 4 Eier, 1 Prise Bourbon-Vanille (oder Mark einer 1/2 Vanilleschote), 125 g Weizenvollkornmehl, 125 g Buchweizenmehl, 2 TL Backpulver, 200 ml Mineralwasser, Sonnenblumenöl für das Waffeleisen

ZUBEREITUNG: Butter mit Zucker schaumig rühren und nacheinander die Eier dazugeben. Die Vanilleschote aufschlitzen, das Mark mit einem Messer herauskratzen und ebenfalls in die Buttermasse rühren. Dann das Weizenvollkornmehl, das Buchweizenmehl und das Backpulver mischen und mit der Ei-Butter-Masse verrühren. Nur soviel Mineralwasser beifügen bis ein zähflüssiger Teig entsteht.

Das Waffeleisen vorheizen und mit Öl auspinseln. Mit einem Löffel Teig einfüllen, das Waffeleisen schließen und andrücken. Die fertige Waffel mithilfe einer Gabel auf einen Teller oder ein Kuchengitter legen und auskühlen lassen. Auf diese Weise die Waffeln nacheinander backen. Dazu passen frische Früchte wie z.B. Erdbeeren, Himbeeren, Brombeeren und Schlagobers.

Karotten-Apfel-Waffeln

10 STÜCK

ZUTATEN: 125 g Butter, 75 g Honig, 4 EL Vollrohrzucker, 1 Prise Salz, 3 Eier, 250 g Buchweizenmehl, 1 TL Backpulver, 1/4 Liter Milch, 100 g Karotten, 200 g Äpfel, Öl für das Waffeleisen

ZUBEREITUNG: Die Butter mit Honig, Zucker, Salz und den Eiern schaumig rühren, das Buchweizenmehl mit dem Backpulver vermischen und dazugeben. Mit soviel Milch verrühren, dass ein zähflüssiger Teig entsteht. Die Karotten und die Äpfel waschen, schälen und fein reiben und dann in den Teig rühren. Den Teig etwa eine halbe Stunde quellen lassen. Sollte der Teig zu fest sein, noch etwas Milch unterrühren. Das Waffeleisen vorheizen und mit Öl auspinseln. Den Teig einfüllen, das Waffeleisen schließen und andrücken. Die fertige Waffel mit Hilfe einer Gabel auf einen Teller oder ein Kuchengitter legen und auskühlen lassen. Auf diese Weise die Waffeln nacheinander backen.

tipp: DER WAFFELTEIG KANN BESONDERS GUT AM ABEND VORBEREITET WERDEN UND IST DANN ALS SCHNELLES FRÜHSTÜCK FERTIG. RESTE VON WAFFELN EIGNEN SICH ALS ZWISCHENMAHLZEIT ODER JAUSE FÜR DIE SCHULE.

Heidelbeer-Pancake

1 PORTION

ZUTATEN: 100 g Heidelbeeren, 1 Ei, 1 EL Buchweizenmehl, 1 Prise Salz, 2 EL zarte Haferflocken, 4 EL Milch, 1 TL Butter oder Sonnenblumenöl, 1 EL Honig, 1 TL Staubzucker

ZUBEREITUNG: Die Heidelbeeren waschen und gut abtropfen lassen. Das Ei trennen. Das Eigelb mit dem Mehl, Salz, den Haferflocken und der Milch zu einem dicken Teig verrühren. Das Eiweiß steif schlagen und vorsichtig unter den Teig heben. Die Butter oder das Öl in einer großen Pfanne erhitzen, den Teig einlaufen lassen und die Beeren darüber streuen.
Zudecken und den Pancake bei mittlerer Hitze etwa 10 Minuten backen, bis er unten goldbraun und oben flaumig ist. Den Pancake auf einen Teller geben und mit Staubzucker bestreut servieren.

Gemüsecremesuppe

Bei den meisten Kindern ist die Akzeptanz cremig weicher Suppen sehr hoch und viele mögen Suppen auch bereits zum Frühstück. Die Suppe hat außerdem den Vorteil, dass sie schnell und auch auf Vorrat zubereitet werden kann.

ZUTATEN: 500 g Gemüse der Saison (z.B. Broccoli, Zucchini, Kürbis, Karfiol, Fenchel, Karotten, Kartoffeln), 1 1/2 l Wasser, frische Kräuter (Petersilie, Dille, Basilikum), Salz, 1 Gemüsebrühwürfel, 1 TL Sauerrahm

4 PORTIONEN

ZUBEREITUNG: Wasser mit Gemüsebrühwürfel in einem Topf erhitzen. Gemüse waschen und in grobe Stücke schneiden und im Wasser je nach Gemüseart 10 bis 20 Minuten weichkochen.
Dann das Gemüse mit dem Pürierstab im Topf oder im Standmixer pürieren, mit Salz abschmecken. Kräuter waschen, fein hacken und dazugeben.
Die Suppe in einem Teller mit einem Teelöffel Sauerrahm oder Crème Fraîche servieren.

tipp: ALS DEKORATION KÖNNEN SIE EINE SCHEIBE VOLLKORNTOASTBROT IN WÜRFEL SCHNEIDEN UND AUF DIE SUPPE STREUEN.

Getränke für Kinder

Gesüßte Kindertees und Fruchtsäfte verursachen bei Dauerkonsum große Schäden an den Milchzähnen und schaden der Entwicklung des dauerhaften Gebisses. Vor allem bei Säuglingen und Kleinkindern droht Kariesgefahr. Bevorzugen Sie daher Produkte „ohne Zuckerzusatz“ und vergewissern Sie sich zusätzlich durch Lesen des Verpackungstextes, dass tatsächlich kein Zucker enthalten ist.
Als Alternative sind ungesüßte Tees, auch gemischt mit Apfel- oder Birnensaft, Trinkwasser, stilles bzw. mildes Mineralwasser mit geringem Natriumgehalt, hervorragende Durstlöscher. Hochwertige Kräuterteemischungen erhalten Sie in Drogeriemärkten und Apotheken. Achten Sie darauf, keine aromatisierten (parfümierten) Teesorten zu kaufen.
Für Kinder ungeeignet sind: Limonaden, Light-Getränke, koffeinhaltige, isotonische, sowie alkoholische Getränke, Schwarztee, Energydrinks etc.

Power-Brunch am Wochenende

Was gibt es Schöneres als ein ausgedehntes Frühstück im Kreis der Familie oder mit Freunden am Wochenende? Hier finden Sie ein paar Rezepte, die ohne großen Aufwand vorzubereiten sind und großen Anklang finden.

Cous Cous-Salat mit Gemüse

6–8 PORTIONEN

ZUTATEN: 2 Tassen Cous Cous, 4 Tassen Wasser, 1 Bund Frühlingszwiebel, 2 Tomaten, 1 Roter Paprika, 1 Salatgurke, 4 EL Olivenöl, 4 EL Weißwein-Essig, Pfeffer aus der Mühle, Salz, 1 Bund Petersilie oder Pfefferminze

ZUBEREITUNG:

Cous Cous in eine große Schüssel geben und mit kochendem Wasser übergießen. 5 bis 10 Minuten quellen lassen.

In der Zwischenzeit Gemüse waschen und in kleine Würfel schneiden. Gemüsewürfel mit Cous Cous verrühren und mit einer Marinade aus Olivenöl, Essig, Salz und Pfeffer abschmecken. Petersilie oder Minze waschen, trocken tupfen, fein hacken und Cous Cous-Salat damit bestreuen.

Marinierte Zucchini und Melanzani

6–8 PORTIONEN

ZUTATEN: 2 Zucchini, einige frische Salbeiblätter, 2 Melanzani, 2 Knoblauchzehen, Olivenöl, Balsamico-Essig, Weißwein-Essig, Salz, Pfeffer aus der Mühle

ZUBEREITUNG: Zucchini waschen, halbieren und in 1 cm breite Streifen schneiden. Diese Streifen zu ca. 5 cm langen Stiften schneiden.
Olivenöl in einer Pfanne erhitzen und die Zucchini-Stifte darin bei starker Hitze einige Minuten anbraten. Vom Herd nehmen und abkühlen lassen.
In der Zwischenzeit die Melanzani waschen, in dünne Scheiben schneiden und auf einer Seite salzen. In einer weiteren Pfanne Olivenöl erhitzen und die Melan-

zanischeiben darin rasch auf beiden Seiten anbraten. Bei mittlerer Hitze etwas dünsten, bis sie weich sind. Dann vom Herd nehmen und abkühlen lassen. Die Zucchini mit gehackten Salbeiblättern, Essig, Salz und Pfeffer abschmecken und in einer Schüssel anrichten. Knoblauch schälen und durch die Knoblauchpresse auf die Melanzanischeiben pressen. Mit Balsamico-Essig, Salz und Pfeffer die Melanzani marinieren und in einer weiteren Schüssel anrichten.

Kartoffel-Speck-Frittata

ZUTATEN: 500 g gekochte, speckige Kartoffeln, 100 g Frühstücksspeck, 1 Zwiebel, 4 Eier, Meersalz, Pfeffer aus der Mühle, 1/2 Bund Petersilie

4–6 PORTIONEN

ZUBEREITUNG: Die gekochten Kartoffeln schälen und in Scheiben schneiden. Speckstreifen in einer beschichteten Pfanne erhitzen. Kartoffelscheiben auf dem Speck verteilen, kurz erwärmen. In der Zwischenzeit die Eier verquirlen und nach Belieben salzen und pfeffern. Die verquirlten Eier über der Kartoffel-Speck-Masse verteilen und bei mittlerer Hitze ca. 5 Minuten stocken lassen. Dann die Frittata wenden und auch auf der anderen Seite 3 bis 4 Minuten knusprig braten. Dazu am besten den Deckel festhalten, die Pfanne umdrehen, die Frittata in den Deckel fallen lassen und anschließend wieder vorsichtig vom Deckel in die Pfanne gleiten lassen. Mit frisch gehackter Petersilie bestreut servieren.

Gefüllte Pfirsiche

ZUTATEN: 4 reife Pfirsiche, 250 g Camembert, 4 EL Crème fraîche, 1 EL grüne Pfefferkörner, 1 Hand voll Vogerlsalat

4 PORTIONEN

ZUBEREITUNG: Die Pfirsiche halbieren und entsteinen. Den Camembert von der Rinde befreien und mit Crème fraîche verrühren. Pfefferkörner im Mörser zerstampfen oder fein hacken. Käsemasse mit den Pfefferkörnern verrühren und in die Pfirsiche füllen.

Vogerlsalat waschen, auf einen Teller geben und die Pfirsiche darauf anrichten.

Antipasti-Salat

ZUTATEN: 1 kleine Melanzani, 2 Zucchini, Paprika (rot und gelb), 10 Cocktailtomaten, 1 Zwiebel, 1/2 Fenchel, 4 Knoblauchzehen, 2 EL Olivenöl, Saft einer Zitrone, Meersalz, 1 Bund frische Kräuter (Basilikum, Petersilie, Minze, Schnittlauch), 2 EL Balsamico-Essig, 1 Hand voll Rucola

4 PORTIONEN

ZUBEREITUNG: Gemüse waschen und in mundgerechte Stücke schneiden, z.B. Melanzani und Zucchini in dicke Scheiben schneiden, Paprika und Zwiebel vierteln, Fenchel in Scheiben schneiden, Cocktailtomaten halbieren. Backrohr auf 250 °C vorheizen. Gemüse auf das Backblech legen oder in eine größere Auflaufform geben und mit dem Olivenöl und Salz gut durchmischen. Knoblauchzehen ungeschält zum Gemüse geben. Gemüse im Backofen 20 bis 25 Minuten braten, und eventuell nach der halben Garzeit wenden. Das Gemüse abkühlen lassen und mit einem Dressing aus Zitronensaft, Balsamico-Essig, frisch gehackten Kräutern marinieren und mit Salz und Pfeffer abschmecken. Den Antipasti-Salat kurz vor dem Servieren mit dem Rucola vermischen und in einer Schüssel anrichten.

tipp: BESONDERS GUT SCHMECKT DER ANTIPASTI-SALAT MIT FRISCH GEHOBELTEM PARMESAN.

Polenta-Gemüse-Torte

4–6 PORTIONEN

ZUTATEN: 2 Tassen Polenta, 4–5 Tassen Wasser, 500 g Gemüse der Saison (Karotten, Kohlrabi, Brokkoli, Spinat, Mangold, Spargel, etc.), 2 Eier, 2 EL Olivenöl, Pfeffer aus der Mühle, 1 Prise Muskatnuss, 2 Frühlingszwiebeln, Salz, 1/2 Bund Petersilie, Saft und geriebene Schale einer Zitrone, 1/4 l Sauerrahm

ZUBEREITUNG: Wasser erhitzen, Polenta mit dem Schneebesen einrühren und gar kochen, mit gehackter Petersilie, Salz und Zitronensaft abschmecken und ausquellen lassen. In der Zwischenzeit Gemüse putzen und in mundgerechte Stücke schneiden. In einer Pfanne Olivenöl erhitzen, Gemüse darin kurz andünsten, Frühlingszwiebeln in Ringe schneiden und zugeben. Mit Muskatnuss und Salz abschmecken. Die Polenta mit den Eiern vermischen und in eine geölte Tortenform oder auf ein eingefettetes Backblech streichen. Die Ränder sollten dabei etwas höher als der Mittelteil sein. Gemüse darauf verteilen und mit einer Mischung aus Sauerrahm und geriebener Zitronenschale übergießen.
Bei 180 °C im Backofen etwa 30 Minuten backen. Mit Backpapier oder Alufolie locker abdecken, damit das Gemüse nicht zu sehr austrocknet.

Melanzani-Tomaten-Rouladen

4–6 PORTIONEN

ZUTATEN: 4 Fleischtomaten, 2 mittelgroße Melanzani, 200 g Mozzarella, Meersalz, Pfeffer aus der Mühle, ca. 50 ml Olivenöl, 2 EL Zitronensaft, Basilikumblätter zum Garnieren

ZUBEREITUNG:

Tomaten in ca. 1 cm dicke Scheiben schneiden, Melanzani längs in 1 cm dicke Scheiben schneiden. Mozzarella ebenfalls in Scheiben schneiden. Tomaten und Melanzani auf ein Backblech legen und mit der Hälfte des Olivenöls beträufeln.

Bei starker Oberhitze oder Grillfunktion im Backrohr ca. 10 Minuten grillen. Etwas abkühlen lassen.

Jeweils eine gegrillte Melanzanischeibe mit einer Scheibe Mozzarella belegen, darüber zusammenschlagen, mit einer Tomatenscheibe belegen und mit einem Zahnstocher feststecken. Mit Basilikumblättern garniert servieren.

Blätterteigschnecken mit Tomaten und Mozzarella

CA. 15 STÜCK

ZUTATEN: 1 Tiefkühlblätterteig, 200 g Mozzarella, 3 EL Tomatenmark, 12 frische Basilikumblätter, Salz, Pfeffer aus der Mühle, 1 Eidotter

ZUBEREITUNG:

Blätterteig aus der Packung nehmen und auseinanderrollen. Die Mitte des Teiges – oben und unten je ca. 10 cm freilassen – mit dem Tomatenmark dünn bestreichen. Den Mozzarella mit den Fingern in kleine Stücke zerteilen und auf dem Tomatenmark verteilen. Nach Geschmack salzen und pfeffern. Basilikumblätter locker darauf verteilen.

Den Teig von unten nach oben eng einrollen und mit einem Messer ca. 1 cm breite Rollen abschneiden (Schnecken).

Die Teigstücke auf ein gefettetes Backblech legen und mit dem verquirlten Eidotter bestreichen.

Die Schnecken bei 180 °C (mittlere Schiene) ca. 15–20 Minuten backen.

Blätterteigschnecken mit Gorgonzola-Birnen-Fülle

CA. 15 STÜCK

ZUTATEN: 1 Tiefkühlblätterteig, 100 g Gorgonzola, 2 reife Birnen, 2 EL Nüsse (Walnüsse, Haselnüsse), 1 Eidotter

ZUBEREITUNG:

Den Teig aus der Packung nehmen, auseinanderrollen, Gorgonzola in dünne Scheiben schneiden und auf die Mitte der Teigfläche verteilen – oben und unten ca. 10 cm freilassen. Birnen schälen, halbieren, Gehäuse entfernen und in dünne Spalten schneiden. Diese Birnenspalten auf dem Gorgonzola verteilen, mit Nüssen bestreuen und den Teig von unten nach oben eng aufrollen.

Von der Teigrolle ca. 1 cm dicke Scheiben (Schnecken) abschneiden und auf ein gefettetes Backblech legen.

Mit dem verquirlten Eidotter bestreichen und im Backrohr bei ca. 180 °C (mittlere Schiene) ca. 15–20 Minuten backen.

Diese Blätterteigschnecken sind sehr schnell zuzubereiten und für die Fülle sind Ihrer Fantasie keine Grenzen gesetzt. Probieren Sie sie zum Beispiel mit Schinken und Ananas, oder mit in Butter gedünstetem Lauch oder Jungzwiebeln. Dazu Putenschinken oder auch süße Varianten mit gehackten Trockenfrüchten und Nüssen.

Blätterteigschnecken mit Bananen und Haselnusscreme

ZUTATEN: 1 Packung Tiefkühlblätterteig, 2 Bananen, 3 EL Haselnusscreme, 2 EL gehackte Nüsse (Walnüsse, Mandeln, Haselnüsse), 1 Eidotter

CA. 15 STÜCK

ZUBEREITUNG:

Blätterteig aus der Packung nehmen und auseinanderrollen. Mit der Haselnusscreme dünn bestreichen. Banane in dünne Scheiben schneiden und regelmäßig über der Creme verteilen. Die gehackten Nüsse darüber verteilen, den Teig von unten nach oben eng aufrollen. Von der Teigrolle ca. 1 cm dicke Scheiben (Schnecken) abschneiden und auf ein gefettetes Backblech legen. Mit dem verquirlten Eidotter bestreichen und im Backrohr bei ca. 180 °C (mittlere Schiene) ca. 15–20 Minuten backen.

Blini mit Räucherlachs

CA. 20 STÜCK

ZUTATEN: 125 g Mehl, 125 g Buchweizenmehl, 1 Prise Salz, 1 Prise Zucker, 1/2 Liter Wasser, 20 g Butter, 3 Eier, 250 g Sauerrahm, 4 EL Sonnenblumenöl zum Backen, 250 g Räucherlachs, etwas Dille zum Garnieren

ZUBEREITUNG: Mehl, Buchweizenmehl, Salz und Zucker mischen und mit ca. 1/2 Liter Wasser verrühren. Die Butter bei mäßiger Hitze schmelzen und in die Masse unterheben. Eier und Sauerrahm mit der Mehlmischung verrühren und den Teig ca. 20 Minuten ausquellen lassen. Eine beschichtete Pfanne mit einem EL Öl erhitzen und darin die Blini nacheinander backen.
Dazu jeweils den Teig mit einem Löffel oder einem kleinen Schöpflöffel hinein geben und solange bei mittlerer Hitze braten, bis er sich vom Pfannenboden löst. Dann wenden und auch auf der anderen Seite zu Ende braten.
Auf Küchenpapier abtropfen lassen. Die Blini auf einer Platte mit dem Räucherlachs und Dille garniert servieren.

tipp: DIE BLINI LASSEN SICH PROBLEMLOS BEREITS AM VORTAG ZUBEREITEN. ABWECHSELND MIT BACKPAPIER IN EINE SCHÜSSEL ODER EINE AUFLAUFFORM SCHICHTEN UND DIREKT VOR DEM SERVIEREN FÜR CA. 20 MINUTEN BEI 175 °C IM BACKOFEN ERWÄRMEN.

Blini mit Lachs-Topfen-Kräuteraufstrich

4–6 PORTIONEN

ZUTATEN: 250 g Lachs, 150 g 20%-igen Speisetopfen, 1 Bund gemischte Kräuter (z.B. Schnittlauch, Petersilie, Basilikum, Pfefferminze), Salz, Pfeffer, 2 EL Milch, Saft einer Zitrone

ZUBEREITUNG: Topfen mit der Milch verrühren, Zitronensaft dazugeben. Kräuter fein hacken und unterheben, Lachs in Streifen oder Würfel schneiden und zur Topfenkräutermasse dazugeben. Nach Belieben mit Salz und Pfeffer würzen. Blinis (Rezept S. 127) damit bestreichen und anrichten.

Blini (russischer Eierkuchen) *sind eine aus Osteuropa stammende Teigspeise. Sie werden in Form dünner Pfannkuchen – ähnlich wie Crèpes – zubereitet und können eingerollt mit unterschiedlichen Füllungen (z.B. Topfen, Marmelade, Kaviar etc.) gefüllt und gegessen werden. Blini stammen aus der Küche der ländlichen Bevölkerung Russlands, da sie günstig und einfach zuzubereiten sind. Blini hatten in der vorchristlichen Zeit bei den Slawen rituelle Bedeutung, da ihre runde Form ein Symbol der Sonne war. Sie wurden am Ende des Winters gebacken, um die Wiedergeburt der Sonne zu feiern. Mittlerweile wird diese Teigspeise aber in ganz Europa gerne gegessen. Durch die jüdischen Emigranten sind Blini bis in die USA bekannt geworden. Blini werden traditionell mit Kaviar und Lachs gegessen, aber probieren Sie auch einmal süße Varianten, z.B. mit Crème Fraîche und frischen Beeren (Heidelbeeren, Himbeeren, Brombeeren, Erdbeeren) oder Marmelade.*

Pfirsichkuchen mit Mandeln

CA. 10 STÜCKE

ZUTATEN: 750 g frische Pfirsiche, 250 g weiche Butter, 200 g Zucker, 4 Eier, 300 g Mehl, 2 TL Backpulver, 1 Prise Salz, 1 EL abgeriebene Zitronenschale, Saft einer Zitrone, 150 g gehackte Mandeln

ZUBEREITUNG: Backofen auf 175 °C vorheizen, Pfirsiche waschen, halbieren und den Stein entfernen. Butter schaumig rühren, Zucker, Eier, Mehl, Backpulver, Salz, Zitronenschale, Zitronensaft und 2/3 der Nüsse nacheinander unterrühren, Teig in eine gefettete Auflaufform geben und die Pfirsiche darauf verteilen. Die restlichen Nüsse darüber streuen und den Kuchen ca. 30 Minuten backen (mittlere Schiene).

tipp: DIESEN KUCHEN KÖNNEN SIE JE NACH SAISON MIT IMMER ANDEREN FRÜCHTEN Z.B. ZWETSCHKEN, MARILLEN, ÄPFELN, BIRNEN ETC. BELEGEN.

Grießkuchen mit Apfel

4–6 PORTIONEN

ZUTATEN: 150 g Zucker, 1 Prise Bourbon-Vanille (oder Mark einer 1/2 Vanilleschote), 150 g Butter, Saft einer Zitrone, 1 Prise Salz, 4 Eier, 150 g Grieß (Dinkel-, Weizen-, Kamut-Grieß), 100 g Mehl, 1 TL Backpulver, 3 Äpfel, 2 EL gemahlene Nüsse (Walnüsse, Haselnüsse, Mandeln)

ZUBEREITUNG: Für den Teig Zucker, Vanillezucker und Butter schaumig rühren, anschließend Zitronensaft und Salz zugeben. Nach und nach Eier unterrühren. Grieß, Mehl und Backpulver mischen und ebenfalls unter den Teig heben. Zuletzt die geriebenen Nüsse unterrühren. Die Hälfte des Teiges in eine eingefettete Springform (ca. 26 cm Durchmesser) oder in eine Auflaufform geben. Die Äpfel schälen, halbieren, entkernen und in Spalten schneiden und auf der Teigmasse verteilen.

Die Äpfel mit dem restlichen Teig bedecken und den Grießkuchen im vorgeheizten Backrohr bei ca. 170 °C (mittlere Schiene) ca. 40 Minuten backen.

Den Kuchen mit Zucker bestreut servieren.

tipp: DAZU PASST SCHLAGOBERS MIT ZIMT, EIN FRUCHTMUS BZW. APFELMUS, ODER VANILLECREME.

Zwetschkenfleck

10–12 STÜCK

ZUTATEN: 1 Tiefkühl-Blätterteig, 250 g Zwetschken, 1 EL Zimt, 3 EL Vollrohrzucker, 1/4 Schlagobers

ZUBEREITUNG: Backrohr auf 175 °C vorheizen. Blätterteig auf dem Backblech auflegen. Zwetschken waschen, halbieren und entkernen. Die Zwetschken mit der Fruchtseite nach oben auf dem Teig verteilen. Zucker mit Zimt vermischen und regelmäßig auf den Früchten verteilen.
Kuchen für ca. 25 Minuten im Backrohr backen und mit Schlagobers servieren.

Beerentorte mit Buchweizenmehl

CA. 12 STÜCKE

ZUTATEN: 4 Eier, 80 g Vollrohrzucker, 80 g Buchweizenmehl, 60 g Stärkemehl, 1 TL Backpulver, Fett für die Form, 250 g Mascarpone, 250 g Heidelbeeren, 250 g 20%-igen Speisetopfen, 3 EL Milch, 2 EL Rum oder Heidelbeerlikör, 3 EL gehobelte Mandeln (Mandelblättchen)

ZUBEREITUNG:

Backrohr auf 175 °C vorheizen, Eier und Zucker schaumig schlagen, Buchweizenmehl, Stärkemehl und Backpulver unterrühren.
Den Boden einer Springform (ca. 26 cm Durchmesser) einfetten, den Teig einfüllen und ca. 30 Minuten fertig backen, abkühlen lassen. In der Zwischenzeit die Heidelbeeren waschen.
Mascarpone, Topfen, Milch, Rum oder Likör zu einer Creme verrühren, 2 EL Mandelblätter und 150 g Heidelbeeren vorsichtig unterheben.

Den Kuchen waagrecht in 2 bis 3 dünne Platten schneiden. Platten und Creme im Wechsel übereinander schichten und zuletzt eine Schicht Creme obenauf geben. Die restlichen Heidelbeeren und Mandeln dekorativ auf der Torte anrichten.

tipp: DER KUCHEN SIEHT AUCH SEHR SCHÖN MIT GEMISCHTEN BEEREN Z.B. HEIDELBEEREN MIT HIMBEEREN AUS. EBENSO GUT KÖNNEN SIE ERDBEEREN ODER BROMBEEREN ALS OBST VERWENDEN.

Ananas-Kokos-Pfannkuchen

2 PORTIONEN

ZUTATEN: 1 Baby-Ananas, 2–3 Eier, 3 EL Vollrohrzucker, Salz, 6 EL Mehl, 1/2 TL Backpulver, 150 ml Milch, 1 EL Butter, 1–2 EL Kokosraspeln

ZUBEREITUNG:

Die Ananas schälen und längs halbieren. Jede Hälfte in 8 Scheiben schneiden. Die Eier trennen. Das Eiweiß steif schlagen und in eine Schüssel geben. Eigelb, Zucker und 1 Prise Salz cremig schlagen. Mehl und Backpulver mischen und abwechselnd mit der Milch unter die Ei-Masse rühren. Butter in einer Pfanne schmelzen lassen und in den Teig rühren. Den Eischnee vorsichtig unterheben.

8 Ananasscheiben in die Pfanne geben und kurz anbraten. Die Hälfte des Teiges darauf gießen und etwa 4 Minuten in der geschlossenen Pfanne bei mittlerer Hitze stocken lassen.

Den Pfannkuchen mit Hilfe des Topfdeckels wenden und weitere 3 Minuten garen lassen. Warm halten. Ebenso den zweiten Pfannkuchen backen und beide mit Kokosraspeln bestreut servieren.

Warenkunde

Zucker – das süße Gift

Unser Leben ist ohne Zucker nicht denkbar. Beim Stoffwechsel müssen alle Kohlehydrate zu Einfachzuckern aufgespalten werden, denn nur so können sie ins Blut gelangen. Für diesen Prozess sind Hilfen nötig: Vitamine und Mineralien, Enzyme und Hormone. Getreide, Gemüse und Obst bringen diese von Natur aus mit. Raffiniertem weißen Zucker, so wie wir ihn kennen, fehlen aber diese Inhaltsstoffe, und so ist er als „Vitaminräuber" ins Gerede gekommen. Denn vor allem Vitamin B1 ist unverzichtbar, um Zucker zu „verdauen". Studien zufolge nehmen wir Europäer im Jahr an die 45 kg Zucker zu uns. Für Kinder bedeutet das, dass sie jährlich mehr als ihr Körpergewicht an Zucker vernaschen. Da zur Verarbeitung dieser Mengen nicht unbeträchtliche Mengen an Vitamin B1 erforderlich sind, dieses aber häufig mit anderer Nahrung nicht ausreichend aufgenommen wird, kommt es zu Störungen im Stoffwechsel, und ernährungsabhängige Krankheiten wie Übergewicht und Diabetes sind im Vormarsch.

Es gibt natürliche Alternativen zu weißem Fabrikzucker, aber auch diese sollten mit Zurückhaltung verwendet werden. Kein Süßungsmittel ist „gesund"!

Achten Sie daher auf eine Ernährung, die von Natur aus süß ist und weniger Süßmittel erfordert. Gerade Kinder sollten nicht von klein auf „konditioniert" werden, alles zu süßen. Sie verlernen sonst, den Eigengeschmack der Speisen wahrzunehmen, weil alles durch die Süße übertönt wird.

Hier eine kurze Übersicht über Alternativen zu Fabrikzucker:

Biozucker: Dieser Zucker wird aus biologisch kultivierten Zuckerrüben gewonnen und ist raffiniert. Außer durch die Anbaumethode unterscheidet er sich durch nichts vom Fabrikzucker und ist deshalb nicht gesünder.

Rohrzucker: Zuckerrohr ist eine der wichtigsten Kulturpflanzen und wird heute in den Subtropen und Tropen angebaut. Für die Herstellung von Zucker werden die Halme zerkleinert und zwischen Walzen gepresst, bis der Saft austritt. Dieser Saft wird gefiltert, mit etwas Kalk geklärt und bei leichtem Unterdruck dick eingekocht. Das daraus gewonnene Konzentrat lässt man langsam abkühlen und trocknen. Dabei bilden sich große feste Kristalle, die gemahlen und wie weißer Zucker abgepackt werden.

Vollrohrzucker: Vollrohrzucker gibt es inzwischen in den meisten Supermärkten, Drogeriemärkten, Reformhäusern und Naturkostläden. Da er alle Inhaltsstoffe des Zuckerrohrsirups enthält und bei geringer Hitze eingedickt wird, ist der Vollrohrzucker nährstoffreicher als der Rohrzucker. Vollrohrzucker können Sie fast genauso wie weißen Zucker verwenden, doch löst er sich etwas schwerer und klumpt leicht.

Apfeldicksaft / Birnendicksaft: Dicksäfte sind, ebenso wie Honig, gut zum Kochen und Backen geeignet. Die Dicksäfte lösen sich aber schwer in kalter Flüssigkeit. Sie haben einen karamelartigen säuerlichen Geschmack und passen daher besonders gut zu Gerichten mit Obst. Vorsicht bei Milch, weil durch die Fruchtsäure die Milch gerinnen kann. Dicksaft wird aus Fruchtsaft unter Entzug von mindestens 50 % Flüssigkeit hergestellt. Dicksaft erzeugt ebenso wie Zucker Karies, enthält kaum Vitamine, aber viele Mineralstoffe.

Honig: Honig enthält wertvolle Enzyme, die allerdings durch Hitze zerstört werden. Also kristallisierten Honig nicht durch Erhitzen verflüssigen und teuren Schleuderhonig nicht zum Kochen oder Backen verwenden, sondern nur für kalte Desserts oder als Brotaufstrich.

Ahornsirup: Ahornsirup wird von wild wachsenden Ahornbäumen in Kanada gewonnen und ist auf Grund des enormen Energieaufwandes bei der Herstellung ökologisch ins Gerede gekommen. Er ist eine mineralstoffreiche Alternative zu Zucker, aber nach dem Öffnen nur wenige Wochen im Kühlschrank haltbar. Außerdem ist er relativ teuer.

Trockenfrüchte: Trockenfrüchte werden von Kindern normalerweise gern gegessen. Sie enthalten wertvolle Mineralstoffe, Vitamine und Ballaststoffe und sind trotz ihres hohen Zuckergehalts als wertvolle Süßigkeit einzustufen. Achten Sie beim Einkauf auf den Zusatz „ungeschwefelt". Getrocknete Marillen enthalten z.B. Kalium (wichtig für Muskel- und Nervensystem), Beta-Karotin (Augen, Sehkraft) und viel Eisen (Blutbildung). Getrocknete Zwetschken haben einen hohen Kalziumgehalt (Knochenbildung). Andere Trockenfrüchte sind getrocknete Datteln, Feigen, Apfelringe, Ananas, Papaya etc.

Kaffee und Tee – die Muntermacher für den Morgen

Kaffee oder Tee? In Österreich und Deutschland entscheiden sich 90 % für eine Tasse Kaffee zum Frühstück. Kaffee ist damit – noch vor Bier – das Volksgetränk Nummer eins.

Ursprünglich stammt Kaffee aus dem Südwesten Äthiopiens. Im 15. Jahrhundert hatte sich der Kaffeegenuss in den arabischen Ländern bereits weit verbreitet und von dort brachten ihn venezianische Kaufleute nach Europa. 1652 eröffnete das erste Kaffeehaus in London und Kaffee wurde zum Luxusgetränk der vornehmen Salons in Europa.

Inzwischen gibt es unzählige Zubereitungsarten und von Land zu Land unterschiedliche Auffassungen, welche Benennung auf welche Zubereitungsart zutrifft. Ein Beispiel dafür ist der Espresso in der österreichischen Variante als „Kleiner Brauner" oder „Mokka".

Der Wirkstoff Koffein

Beliebt ist Kaffee auf Grund seines Koffeingehaltes. Koffein beseitigt Müdigkeit und Konzentrationsschwäche und gilt daher als anregend. Es gelangt sehr schnell in die Blutbahn und wirkt dann auf das zentrale Nervensystem. So regt Koffein die Herztätigkeit an, steigert Blutdruck und Körpertemperatur, stimuliert die Muskeltätigkeit, erweitert Bronchien und Blutgefäße, regt die Verdauung an und führt zu vermehrtem Wasserlassen (diuretische Wirkung).

Bis heute gibt es keine wirklich seriösen Hinweise darauf, dass Kaffeekonsum in den üblichen, vom Menschen eingenommenen Mengen mit einem gesundheitlichen Risiko verbunden ist. Eine normale Menge entspricht etwa 2 bis 3 Tassen am Tag.

Natürlich sollten Herzkranke und Menschen mit hohem Blutdruck lieber keinen Kaffee trinken, aber hier ist Kaffee bzw. Koffein nicht der Auslöser der Krankheit, sondern ein vermeidbarer Belastungsfaktor. Besondere Vorsicht beim Kaffeekonsum sollten aber Schwangere und stillende Mütter walten lassen, da Föten und Säuglinge noch nicht über ein bestimmtes Enzym in der Leber verfügen, mit dem das Koffein abgebaut werden kann.

Übrigens enthalten die Blätter des schwarzen Tees ca. 4 bis 5 % Koffein, während eine Kaffeebohne nur ca. 1 bis 2 % enthält. Doch wird mehr Kaffeepulver für eine Tasse Kaffee genommen als Teeblätter für eine Tasse Tee, daher kehrt sich das Verhältnis bei den fertigen Getränken wieder um.

Tee richtig zubereiten

Aus aller Herren Länder erobern Tees die Regale unserer Geschäfte. Abseits vom Genuss wird die Wirkung von Tee als unterstützende Behandlungsmethode bei verschiedenen Krankheiten durch Studien bestätigt. Bei den Inhaltsstoffen der Teesorten wurden anti-allergische, darmreinigende und immunstärkende Wirkungen gefunden. Auch freie Radikale werden von bestimmten Teesorten abgefangen.

Um die Wirkstoffe am besten zur Geltung zu bringen, muss die Zubereitungsmethode auf die jeweilige Teesorte abgestimmt werden.

Hier ein paar Grundregeln, die Sie beachten sollten:

- 1 TL Teeblätter pro Tasse. Sinnvoll ist es, selber zu experimentieren, da der Geschmack des Teeaufgusses vom verwendeten Tee, vom Wasser, vom Erntejahr des Tees und vom **persönlichen Geschmack** abhängt.

- Schwarztee immer mit kochendem Wasser aufgießen; bei Grüntee und halbfermentierten Tees sollte das Wasser 65 bis 90 °C haben, um die wertvollen Inhaltsstoffe und den Geschmack zu erhalten.

- Tee sollte etwa 2 bis 5 Minuten ziehen. Je nach Dauer wirkt der Tee unterschiedlich stark anregend. Die alte Regel, dass bis zu 3 Minuten gezogener Tee anregend wirkt, er ab fünf Minuten aber beruhigt, ist nur bedingt richtig. Tatsächlich geht in den ersten 2 bis 3 Minuten vor allem das Koffein in Lösung und sorgt so für den anregenden Effekt. Die im Teeblatt enthaltenen Gerbsäuren lösen sich erst danach und wandeln dabei das Koffein in eine wasserunlösliche Form um. Je länger der Tee zieht, umso geringer wird der Anteil an physiologisch „nutzbarem" Koffein. Der 5-Minuten-Tee wirkt also nicht beruhigend, sondern lediglich nicht anregend.

- Tee sofort genießen, denn Tee kann man nur schlecht warm halten, egal was man auch dafür tut, der abgestandene Tee schmeckt einfach nicht mehr so gut. Lieber nur weniger Tee auf einmal zubereiten, jedoch immer wieder frisch.

- Teebeutel sind zwar praktisch, aber kein wirklicher Ersatz für den guten, aromatischen, offenen Tee, da für Teebeutel in der Regel minderwertiger „Teestaub" bzw. Reste verwendet werden.

Leider enthält Tee aus konventionellem Anbau erhebliche Rückstände von gefährlichen Insektiziden und Pestiziden. Bevorzugen Sie deshalb Tee aus biologischer Landwirtschaft und fairem Handel, oder greifen Sie zu den schmackhaften Alternativen unserer Biobauern, die bereits eine Fülle an Kräuter- und Blütentees anbieten.

Fair genießen *Mit unserem Einkaufsverhalten bestimmen wir mit, ob Lebensmittel wie Kaffee, Tee oder Kakao unter sozial verträglichen Bedingungen bzw. durch Ausbeutung von Kindern hergestellt werden. Der faire Handel schafft Raum für die Gestaltung von Wirtschaftsbeziehungen, die nicht den maximalen Profit einiger Weniger im Auge haben, sondern jenen Menschen ihren Anteil am Erfolg garantieren, die normalerweise als schwächste Glieder der Produktionskette untergehen. Auch der Erfolg definiert sich dabei jenseits einseitiger ökonomischer Kategorien. Es geht um die Verbesserung der sozialen Situation, um Maßnahmen, die zum Schutz der Umwelt gesetzt werden, und das wachsende Selbstbewusstsein derer, die Kontrolle über Produktion und Vermarktung ihrer qualitativ hochwertigen Waren erlangen, sowie um die Achtung ihrer kulturellen Werte. Vermehrt wird Kaffee aus fairem Handel auch biologisch produziert. Bei einem Weltmarktpreis für Arabica-Hochlandkaffee, der bei rund 73 $ pro 45,4 kg (100 lb.) liegt, garantieren Organisationen des fairen Handels ihren PartnerInnen 126 $* für traditionell angebauten Kaffee und fast das Doppelte, also 145 $, für biologische Produktion. Mit diesem Mehrpreis kann die Lebenssituation der Menschen in den Erzeugerländern deutlich verbessert werden. Die meisten von ihnen wohnen heute in Ziegelhäusern und nicht mehr wie früher in Lehmhäusern. Die Kinder gehen zur Schule, die Leute sind gesünder.*

*Quelle EZA – Info September 2004

Grüner Tee

Bei der Herstellung von grünem Tee wird die natürliche Oxydation (Fermentation) der Blätter unterbunden, d.h. der enzymatische Prozess, durch den der schwarze Tee entsteht, wird verhindert. Nach dem Pflücken lässt man die Blätter kurz welken und erhitzt sie dann stark unter Dampf. So kochen die Blätter gewissermaßen im eigenen Saft und werden dadurch „versiegelt". Grüner Tee schützt vor freien Radikalen und es wird ihm ein vorbeugender Effekt gegen Herzinfarkt und Krebs zugesprochen.

Lapacho-Tee

Lapacho-Tee wird aus der Rinde des südamerikanischen Lapachobaumes gewonnen. Er lindert entzündliche Schleimhauterkrankungen des Magen-Darm-Trakts sowie des Mund- und Rachenraumes.

Rotbusch-Tee (Rooibos)
Ähnlich wie Schwarztee werden die Blätter dieses in Südafrika wachsenden, mannshohen Baumes gerollt und fermentiert, wobei sie ihre rötliche Färbung annehmen. Rotbusch-Tee ist durch seinen leicht fruchtig-süßen Geschmack bei Kindern sehr beliebt. Er ist koffeinfrei und hat eine anti-allergische Wirkung.

Kräutertees – Wellness am Morgen
Tees aus Kräutern und Gewürzen gibt es in verschiedenen Mischungen. Manche werden mit Blüten (Kornblumen, Rosenblüten, Orangenblüten, Ringelblumen), andere aus Blättern (Pfefferminze, Zitronenmelisse, Verbena (Eisenkraut), Salbei, Thymian), Wurzeln (Süßholz, Ingwer), Früchten, Samen (Koriander, Kümmel, Fenchel), Schalen (Orange, Zimt) oder anderen Pflanzenteilen zubereitet. All diese Zutaten können frisch oder getrocknet verwendet werden. Sie können selber sammeln und trocknen; im Handel gibt es eine umfangreiche Auswahl. Als Faustregel für die Zubereitung von einer Tasse Tee gilt: 1 TL Kräutermischung mit kochendem Wasser übergießen und 3 bis 5 Minuten – am besten zugedeckt – ziehen lassen.

Ingwertee
Ingwer ist eine echte Gesundheitswurzel. Der Tee wirkt beruhigend auf den Magen und vertreibt Kälte aus dem Körper. Dieser Tee ist daher besonders in den Wintermonaten dazu geeignet, Ihre Abwehrkräfte zu steigern.

ZUTATEN FÜR 1 PORTION: 1 Stück frischer Ingwer (ca. 1 cm)

ZUBEREITUNG: In einem Topf 1/2 Liter Wasser aufkochen. Den Ingwer in dünne Scheiben schneiden und zugeben. Die Ingwerscheiben zugedeckt 5 Minuten bei mittlerer Hitze sanft kochen und möglichst heiß trinken.

Anhang

Glossar

Bockshornkleesamen haben einen angenehm würzig-scharfen Geschmack und eignen sich sehr gut zum Keimen von Sprossen. Außerdem können Sie Bockshornkleesamen zum Würzen von Hülsenfrüchten, Suppen, Fleisch, Fisch und Gemüsespeisen verwenden. Bockshornklee senkt den Blutzuckerspiegel, hilft bei Magen- und Verdauungsbeschwerden und senkt den Blutdruck.

Ingwer gehört zu den ältesten Gewürzen und wird bereits seit ca. 4000 Jahren angebaut und verwendet. Frischer Ingwer ist je nach Sorte und Qualität unterschiedlich scharf – und gesünder als getrocknete Stücke oder Pulver. Je älter Ingwer ist, desto faseriger das Fleisch der Knolle. Zum Aufbewahren wickeln Sie frischen Ingwer am besten in Küchenpapier oder in Folie, und legen ihn ins Gemüsefach des Kühlschranks.

Kurkuma (auch Curcuma oder Gelbwurz) ist eine dem Ingwer ähnliche Wurzel. Bei uns ist Kurkuma als getrocknetes Pulver von leuchtend-gelber Farbe erhältlich. Auf gut sortierten Märkten gibt es auch frische Kurkuma-Wurzeln zu kaufen. Der Geschmack ist leicht pfefferig mit einem bitteren Nachgeschmack.

Gomasio ist ein Gemisch aus gerösteten, zerstoßenen Sesamsamen und Meersalz. Durch das Zerstoßen werden die wertvollen Inhaltstoffe besser ausgenutzt und der Sesam wird für unseren Körper besser verwertbar.

Kardamom ist nach Safran und Vanille das teuerste Gewürz. Der kräftige, warme Duft der Kardamomsamen ist unverkennbar. Sie haben ein leicht zitronenartiges Aroma, das an Eukalyptus erinnert. Kardamom regt den Stoffwechsel an, ist krampflösend, verdauungsfördernd, steigert die Gedächtnisleistung und hellt insgesamt die Stimmung auf.

Sojamilch ist eine milchähnliche Flüssigkeit, die aus gemahlenen Sojabohnen und Wasser hergestellt wird. Sie bildet die Grundlage für Tofu und ist auf Grund ihres relativ hohen Kalziumgehaltes ein wichtiger Milchersatz für Menschen, die sich vegan ernähren oder an einer Kuhmilch-Allergie leiden.

Sojasoße bzw. **Tamari** sind asiatische Würzsoßen, die aus Wasser, Sojabohnen, Getreide und Salz durch Fermentation hergestellt werden. Tamari ist eine besonders dunkle Sojasoße, die zu 100 % aus Sojabohnen hergestellt wird.

Tahin ist eine hellbraune Paste aus zerriebenen Sesamsamen und eine praktische Ergänzung in der Küche. Sein besonders hoher Kalzium-Gehalt macht Sesam so wertvoll.

Wakame sind getrocknete Braunalgen, die häufig als Zutat in der asiatischen Küche, z.B. für Miso-Suppe, verwendet werden.

Lexikon Österreichisch – Deutsch

Semmelbrösel – Paniermehl
Marillen – Aprikosen
Melanzani – Aubergine, Eierfrucht
Ribisel – rote Johannisbeere
Schlagobers – Schlagsahne
Semmel – Brötchen
Vogerlsalat – Feldsalat
Zwetschke – Pflaume

Die Autorin

bietet individuelle Ernährungsberatungen, Seminare, Vorträge, Kochkurse und steht für sämtliche Anfragen unter folgender Adresse zur Verfügung:

Dr. Claudia Nichterl
Högelmüllergasse 2a/14, 1050 Wien
Tel.: (+43) 0676/400 18 04, FAX: (+43) 01/952 61 58
E-mail: beratung@essenz.at, Internet: www.essenz.at

Literaturverzeichnis

BANKHOFER, H. und FLEISCHHACKER, G.: Guten Morgen! Mit Schwung in einen erfolgreichen Tag. Herbig Verlag, München 2004
BIESALSKI, H.K, GRIMM, P.: Taschenatlas der Ernährung, Georg Thieme Verlag 1999
CRAMM Dagmar v.: Was Kinder gerne essen. Gräfe und Unzer, München.
DOMINÈ, A.: Naturkost, Culinaria Könemann Verlags GmbH 1998
EZA 3. Welt Info Nr. 2, September 2004, Jahrgang 27
HANREICH, I., MACHO, B.: Coole Rezepte für Jausen, Pausen und Feste. Verlag Hanreich 2003
KONOPKA, P.: Sporternährung. Leistungsförderung durch vollwertige und bedarfsangepasste Ernährung. München – Wien – Zürich, 1996
LECHNER, M.: Die Rolle der Frühstückscerealien – eine Alternative zum „traditionellen" Wiener Frühstück, Diplomarbeit Universität Wien, 1989
NICHTERL, C.: Essen zum Wohlfühlen – Rezepte der Fünf-Elemente-Küche, Agrarverlag 2004
PREGENZER, B. und SCHMIDLE B.: Hildegard von Bingen. Einfach leben. Ein praktischer Ratgeber für Einsteiger, Tyrolia Verlag 2003
TEMELIE, Barbara und TREBUTH Beatrice: Das Fünf-Elemente-Kochbuch, JOY Verlag
ZHANG, X. und RIAS-BUCHER B.: Chinesische Heilküche, Ganzheitliche Ernährung im Sinne der TCM, W. Ludwig Buchverlag 2000, München
www.wikipedia.de

DANKSAGUNG

Besonders bedanken möchte ich mich bei meinen Freunden, die zahlreich für Diskussionen, Verkostungen und Foto-Shootings zur Verfügung standen. Es hat Spaß gemacht, mit euch zu frühstücken und vielen Dank für eure Anregungen!

Die in diesem Buch vorgestellten Rezepte und Anwendungen basieren auf sorgfältig recherchierten Studien und Erkenntnissen, die nach bestem Wissen und Gewissen wiedergegeben werden. Dennoch kann keine Garantie übernommen werden. Jegliche Haftung der Autorin bzw. des Verlags und seiner Beauftragten für Gesundheitsschäden sowie Personen-, Sach- und Vermögensschäden ist ausgeschlossen.

Um den Lesefluss geschmeidig zu halten, habe ich auf die umständliche Schreibweise, neben den männlichen jeweils auch die weiblichen Endungen anzuführen, verzichtet. Ich bitte alle LeserInnen um Verständnis!

BILDNACHWEIS

Fotos und Illustrationen: Uwe Urbann (außer Seite 136: Birgit Reiter)

IMPRESSUM

Sturzgasse 1a, A-1141 Wien, E-Mail: buch@avbuch.at, Internet: www.avbuch.at

Projektleitung: Alexandra Mlakar
Lektorat: Axel Fussi – transculture
Grafische Gestaltung und Satz: armanda,geisler Wien
Druck und Bindung: LVDM Landesverlag Denkmayr, Linz
Printed in Austria

ISBN: 978-3-7040-2081-9

Register